McKinsey taught me logical thinking

麦肯锡教我的逻辑思维

从逻辑思考到高效执行的规律与方法

高杉尚伊 著

中国友谊出版公司

前语

麦肯锡公司是由芝加哥大学的杰姆斯·麦肯锡教授于1926年在美国创建的一家公司，到现在，这家公司已经成立了近百年，成为全球最著名的管理咨询公司。

麦肯锡公司的诞生开创了现代管理咨询的新纪元，身为创始人的麦肯锡将自己的企业定位为企业界的“医生”，其职责在于治疗企业在管理过程中遇到的各种“疾病”。在这样的理念下，麦肯锡一天天成长起来，并且不断壮大。

麦肯锡的客户包括各种企业的总裁、高级主管、部长、大公司的管理委员会、非营利性机构及政府高层领导等，无论对方来自哪一个领域，麦肯锡都能给予他们想要的、对他们切实有帮助的答案。这使得麦肯锡的名声越来越大，如今，世界上许多知名企业都曾向他们请教过管理方面的问题。麦肯锡成了管理咨询界的一个神话，同时，麦肯锡内部的各种处理问题的方式，以及麦肯锡人的思维也成为众多企业家，甚至普通人想要学习的东西。

在麦肯锡，有许多独到的思维和管理模式，这些都是使麦肯锡长立于世界管理咨询领域顶端的必要原因。而当我们对他们这些思维和管理模式进行研究时，我们会发现他们的所有思维都有着严密的逻辑性，而并非是他们的直觉。虽然他们经验丰富，但他们同样会根据逻辑去思考问题，处理问题。

本书列举了一些麦肯锡人常用的逻辑思维，通过对他们思考方式的描述，将他们的逻辑理念和分析方式展现给读者，让读者更好地明白麦肯锡人在遇到问题时如何看，如何想，如何做。书中还运用了许多事例，结合事例对麦肯锡的思维方式和分析方法进行了阐述，从而能够帮助读者更好地理解麦肯锡的逻辑思维，掌握运用麦肯锡逻辑思维的方法。

希望每一位读者在读过此书后，都能够对麦肯锡的思维有更多了解和感悟，并能将之应用在自己的生活中，从而在自己的人生道路上走得更加顺利。

目录

第一章　什么是逻辑思维 001

1.逻辑是关于推理和论证的科学 / 003

2.推理是逻辑思维包含的一种现象 / 007

3.六种主要的论证方法帮助我们证明三段论的论点是否正确 / 010

4.重构论证能帮助我们更好地研究问题的本质 / 014

5.非形式逻辑是研究论证的重要方法 / 019

第二章　用逻辑思维思考 025

1.理性接受度是判断逻辑思维正确与否的衡量尺度 / 027

2.要用正确的心态去看待理性接受度之外 / 032

3.语言是逻辑思维在现实生活中的表象 / 036

4.比喻语言是间接使用逻辑思维的延伸 / 041

第三章　如何掌握问题 —— 047

1.问题的本质就是与现实的不匹配 / 049

2.识别问题的类型是我们掌握问题的关键 / 054

3.掌握问题必须重视各个问题之间的相关性 / 058

4.20/80原则作为划分问题的解决顺序的有效手段 / 063

第四章　正确的逻辑思维才能引导正确的结果 —— 069

1.判断逻辑思维的正确性是引导正确结果的前提 / 071

2.运用正确的逻辑思维才能有正面影响 / 075

3.注意在运用正确的逻辑思维过程中应避免的问题，是引导正确结果的补充 / 080

4.运用正确的逻辑思维过程中的相关验证方法是引导正确结果的有效保证 / 085

5.正确结果对逻辑思维可以反推证明其正确性 / 090

第五章　麦肯锡五个工作原则的逻辑性思考 —— 095

1.确保项目顺利进行，是一切工作的基础 / 097

2.项目的最终目的是为企业服务 / 102

3.客户才是根本 / 106

4.麦肯锡的主观工作也是项目顺利完成的重要因素 / 111

5.项目完成后的可持续性工作 / 116

第六章　成果思考，目的的重要性 —— 121

1.成果输出的两个应该注意的事项 / 123

2.交出成果的两个难题 / 127

3.寻找答案的方法 / 132

4.让效率和成果齐头并进 / 136

第七章　金字塔结构：逻辑思考的核心技巧 —— 141

1.金字塔结构暗含的逻辑思维 / 143

2.金字塔结构的两种类型 / 147

3.金字塔结构的子结构之间存在着纵向关系和横向关系 / 152

4.用自上而下和自下而上两种方法构建金字塔结构 / 156

5.金字塔结构的优点 / 161

6.金字塔结构的实际运用技巧分析 / 166

第八章　反直觉思考，从问题本身出发 —— 173

1.生活经验给你带来的假象 / 175

2.外部环境对你的思考方式会带来影响 / 180

3.大数据分析比你更了解你自己 / 184

4.临界点带来的积极反馈 / 189

5.反直觉思考会戳破运气的肥皂泡 / 193

第九章　麦肯锡逻辑树分析法 —— 199

1.逻辑树分析法的逻辑思维 / 201

2.逻辑树分析法的两种分析方法 / 205

3.逻辑树的三个类型 / 210
4.逻辑树分析法的优点 / 215
5.逻辑树分析法的实用技巧分析 / 219

第十章 紧急性和重要性决定优先级 —— 225
1.根据紧急性和重要性决定优先级暗含的逻辑思维 / 227
2.如何根据紧急性和重要性确定优先级 / 231
3.优先级的四种情况 / 236
4.根据紧急性和重要性决定优先级的优点 / 240
5.根据紧急性和重要性确定优先级的实用技巧分析 / 245

第十一章 从问题背后着手问题本身逻辑 —— 251
1.问题背后是必然存在的 / 253
2.问题背后和问题本身的逻辑联系 / 258
3.如何从问题背后着手问题本身 / 262
4.不可忽视问题背后对问题本身的影响 / 267

第十二章 7S模型管理方法的系统性逻辑 —— 273
1.战略制胜是最终目的 / 275
2.战略依靠完备的组织结构进行支撑 / 279
3.人员才是最终决定结果的唯一因素 / 284
4.7S模型管理的实用技巧分析 / 289

第一章

什么是逻辑思维

逻辑思维是一种关于理论和论证的科学，其主要表现形式为逻辑推理。在进行逻辑推理的过程中，我们可以更好地了解问题的本质，找出最恰当的解决问题的方法。通常情况下，人们在进行逻辑推理时会采用三段论推理，此推理方式需要论证中具备大前提、小前提和结论。印证三段论需要遵守的论证方法有六种，分别为：一个三段论必须包括意义明确的三项；在结论中周延的项在前提出现的位置上也必须周延；中项至少要进行一次周延；一个有效的三段论不能有两个否定前提；假设有一个前提是否定的，那么结论一定也是否定的，同理，如果结论是否定的，那么相对应的另外一个前提也是否定的；以及假设两个前提都是全称的，那么结论也一定是全称的。

1. 逻辑是关于推理和论证的科学

对于“逻辑”一词，人们耳熟能详，可逻辑的真正定义是什么？我们又如何在别人犯了逻辑错误时正确地指出其逻辑不合理之处呢？我们不妨参悟一下逻辑的组成部分。

首先，逻辑是由推理和论证构成的，推理和论证的内容是什么呢？一个或者多个信念，被用来支持另外一个信念。推理是过程，论证是结果，二者相辅相成，因此我们把这种关系称为推理和论证，当推理论证的主体用一个或者多个信念支持另一个信念的时候才是有效的。

逻辑的概念简单到一看就能记住，这并非什么幸运之事，因为越是简单的解释就越证明它的概念范围非常大，推理论证就是如此，它们既可以是强的，也可以是弱的，甚至可以是不成立的。比如这样一个推理论证：所有马都是哺乳动物，如果杰克是一匹马，那么杰克是哺乳动物。这个例子是典型的强论证，因为如果作为依据的信念（所有马都是哺乳动物，并且杰克是哺乳动物）是真实的，那么它所支撑的论证——杰克也是哺乳动物也是真实的。

再来看另外一个例子：没有来自天空的水是热的，因此，没有来自宇宙的水是热的。这种推论之间的逻辑关系非常弱，因为提供的原因——“没有来自天空的水是热的”可能是真实的，而用它去支撑“没有来自宇宙的水是热的”则是虚假的。可见，在一些尝试性的推论中，用来支撑另一个信念的某个或多个信念有时候可能无法达到目的。

再来看第三个例子：没有香蕉是草莓，因此所有的桃花都是花。在这个案例中，“因此”出现在两个信念之间，而“香蕉不是草莓”被用作“所有桃花都是花”的一个原因，但事实上却不是，尽管这两个信念都是真实的，然而它们的论证关系不成立。

我们现在似乎明白了，论证的成立和不成立是逻辑最重要也是最核心的构成部分。论证是推理过程中信念或者思想之间最关键的逻辑关系，逻辑的本质就是要研究这种关系和其他关系，它包含了三个重要的因素。

第一，描述推理的模式；第二，描述并评价推理好坏的特征；第三，指定能最大限度解释推理所具备的特征的规则。

这三个因素是逻辑的三个维度。第一个维度讲述的是逻辑关系，它最核心的任务是识别论证的共同形式；第二个维度负责甄别这些关系中好和不好的特征；第三个维度指定了确切可靠的推理原则，这个原则能帮助人们认识推理的所有特征。

这么多维度同时出现，可能会让某些人不明就里，换个实用性的角度看，这三个维度的存在对推理的构成十分重要。而最重要的就是第三维度，因为这个维度决定着推理的可靠性，它必须具备很强的实用性和现实性。实用性在于能够制定出用来完成或者改进推理的规定，然而这个维度还需要依靠其他两个维度的支撑，就像一个立方体要具备长、宽、高三个维度一样。第一和第二维度对充分推理有帮助性的规则要求，能够让推理确立的一般逻辑关系具备精确的描述意义，同时还要具备足够的标准来确定逻辑关系成立或者不成立。

前面我们更多关注的是推理，那么论证作为一个独立词汇，也有着它自己具体的解释：它是一个或者多个描述支持另一个描述的关系，比如描述的内容是真诚的且具有推理能力的，那么描述者就应当确信自己的描述，从而依靠描述来表达自己的信念。因此无论是论证还是推论，这两个词汇都是相同的关系，和推理一词相比，更在乎结果的正确与否。

既然论证更倾向事物的结果，那么它就比推理有着更高的精确性要求，也就意味着不是所有的描述之间的关系都能成为论证。举例来说：北京是大城市，上海更大，但是深圳最大。这句话是由三个简单的描述构成的，然而它并非是一个论证，因为它没有尝试去解释北京、上海和深圳哪个最大的逻辑关系，描述缺乏支持，没有以论据的形式进行排列。

再来看一个正例：我思故我在。虽然只有简单的五个字，但它符合我们对论证的定义：它提出了一个断言，而且至少用一个描述来支撑，这才体现了论证的基本特点。

在我们解构了逻辑的组成部分之后，我们再来看逻辑的整体。人们通常认为，逻辑是研究推理和论证的规范性的科学，而这种推理和论证是纯形式的，与内容无关，并且逻辑研究的是纯客观的，这就表明了逻辑只是一种思维方式和方法的特征，它是人们思想的工具。

从文艺复兴到思想启蒙，哲学的演进和提升带动了逻辑学的进步，到了现代，逻辑学更是获得了突飞猛进的发展，逻辑研究的推理和论证成为人类诸多心理现象中的一种，它更多从属于认知心理学的范畴，而以认知为切入角度，能让我们更精确地理解逻辑的本质。

认知逻辑是现代逻辑中的一个分支。认知逻辑刻画认知主体对命题的认知态度，比如知道、相信、怀疑等的客观过程。逻辑学家们发现，刻画群体的认知状态需要新的关于群体的认知逻辑。这个概念听起来晦涩难懂，让我们把视线放到现实生活中，当我们和别人对某个事物进行争论的时候，如何遵循逻辑的法则说服对方呢？那就需要我们从群体认知出发，让对方运用这个共同的逻辑去验证他自己的错误。

如果把逻辑视作一件工具，那么合理运用这件工具的就是逻辑思维，它最主要的任务就是提供辨识有效推理和无效推理的标准，也就是我们前面提到的那些听起来有点可笑或者不知所以然的例子，逻辑不仅要验证这些例子的真伪，更教会人们如何进行正确的推理和论证，这恰好解释了逻辑的构成部分。

逻辑的基本内涵是一种严格的理性精神，当我们遇到一个复杂的问题时，往往需要我们运用逻辑思维，首先精确地确定问题出在哪儿，把那些复杂的问题分解为几个简单的问题，并且找出解决这些简单问题的可操作模式和方法，或者是提出这些问题的解决方法以及如何分辨对错真假等，这些都是逻辑在现实生活中的应用体现。

回归主题，我们再简单消化一下逻辑的定义：它要求我们从一个清晰的概念出发，将一些信念和信念的推移转化为可以接受规则指导的操作，并且这个操作可以无限重复，广泛应用在其他事例中，一旦出现了限制性，则证明这个逻辑本身存在缺陷。

爱因斯坦曾经说，西方科学的发展是以两个伟大成就为基础的，那就是希腊哲学家发明形式逻辑体系以及通过系统的实验发现有可能找出因果联系。仔细品味这句话不难发现，爱因斯坦所强调的正是“逻辑”——如何验证因果联系。

逻辑是专注于推理研究的哲学分支，尽管在这点上和其他哲学和科学有相似之处，然而还有一定的区别，比如心理学的分支——认知心理学也需要研究推理，但更关注推理底层的心理过程，而逻辑专注于这一过程的结果，也就是推理过程中信念和组成信念的要素之间的某种关系。只要掌握了逻辑的核心概念并检验它的三个要素，我们就能构建正确的逻辑思维，我们的认知水平也将保持在“理性”和“清晰”的层面。

2. 推理是逻辑思维包含的一种现象

什么是推理？推理，逻辑学指思维的基本形式之一，是由一个或几个已知的判断（前提）推出新判断（结论）的过程，有直接推理、间接推理等。

推理是逻辑中一种形式存在，当我们不能考察某个事物的全貌而只能通过部分内容进行推理时，那么推理出的结论不一定可靠。

逻辑是一种思维形式，它是人们进行思维活动时对固定目标进行反应的一种基本方式，其中包含了对概念的界定、判断的结果以及得出判断结果的前提——推理。因此，推理是整个思维活动中非常重要的环节之一。由于思维的规律是思维过程中各个环节相互之间构成的联系，因此推理的规律也由这个基本内容决定。

推理遵循着逻辑的三个规律：矛盾律，同一律和排中律。

矛盾律，人们认为逻辑是专门研究思维的学科；矛盾律是其中的一例，就像牛顿的万有引力定律一样，矛盾律是你说一句话阐述某个道理，但又不能讲一句话否定了前面那一句。比如你不能说“昨天我吃饭了”，接着又说“昨天我没吃饭”。矛盾律要求一个人在其表达的意思中不能对某一事物既肯定同时又否定。

具体来说，同一次描述当中不能存在矛盾，然而当时间、地点发生了变化以后，是允许对同一事物有不同的看法的。

同一律，指的是在同一次描述中有特定含义的词应指向同一事物。比如我们都知道“半斤八两”这个成语，其意思是指二者一样，不存在任何差别。然而不知所以然的人会问：“半斤是五两，怎么和八两一样呢？”这是因为古代一斤是十六两，半斤正是八两。

从上述的例子可以看出，如果一个人在描述中混淆了定义，比如对斤的概念，那就会让别人无法理解他所说的意思，就违反了同一律。

排中律，是指在一对相互矛盾的叙述中，肯定有一个是正确的，有一个是错误的。比如有两句话：1. 昨天是星期二。2. 昨天是星期三。排中律讲的是这两句描述中必定有一个是对的，有一个是错的。因为星期二和星期三之间是不存在第三种情况的。然而要注意的是，如下两句话，就不适用排中律：1. 这只猫是白色的。2. 这只猫是黑色的。因为黑色、白色在这里并非矛盾关系，而是对立关系，在黑、白两色之外还存在其他颜色。

由于逻辑的概念内涵较大，因此人们为了在实践中更快速地认知和评价事物，会以简单的逻辑方法为工具。所谓简单的逻辑方法，是指在认识事物的基本属性和关系的过程中，用明确的概念作出恰当的判断和合情合理的推理。

在战国时期，哲学家詹何是个擅长推理的思想家，他能够足不出户而知晓天下，这从一个侧面可以证明，推理可以弱化观察的作用，而更着重思维的能力。推理从属于逻辑，逻辑作为一种思维能力和思维方法，可以更好地指导推理，所以有了逻辑推理这个名词。

逻辑推理的定义是，从一个真的前提推导出一些真实可信的结论，通常包含着归纳法和演绎法两种。演绎就是从一般到特殊，从总体到个别。归纳与之正好相反，是从特殊到一般，从个别到总体。

所谓归纳法，是从部分导向整体，从特定事例导向一般事例的过程，它以经验和实证作为基础，并从基础中得出结论。比如小明喜欢运动，所以他身体健康；小刚也喜欢运动，他也身体健康，这一类被称为归纳推理，也就是能通过案例得出结论：凡是爱运动的人，都能使得身体很健康。还有，花的生长需要阳光，水果的生长也需要阳光，农作物没有阳光会死掉，所以我们得出结论：植物的生长需要阳光。

所谓演绎法，是从普遍性结论或一般性事理推导出个别性结论的论证方法。演绎推理的主要形式是三段论，即大前提、小前提和结论。

汉代文学家司马迁曾说过：“人固有一死，或重于泰山，或轻于鸿毛。”毛泽东在《为人民服务》这篇文章中引用了这个例子，指出为人民利益而死就比泰山还重，而替法西斯卖力，为那些剥削和压迫人民的人去死，就比鸿毛还轻。张思德是为人民利益而死的，他的死就比泰山还要重。毛泽东的这段话就是一个完整的演绎论证。

“为人民利益而死，就比泰山还重”是推理的论据，是一个大前提；“张思德同志是为人民利益而死的”是已知的判断，是“小前提”；“他的死是比泰山还重的”是结论，同时又是论点。

由此可见，推理是逻辑的一种现象，它印证了逻辑具备的三个维度：描述推理的模式，描述并评价推理好坏的特征，指定能最大限度解释推理所具备的特征的规则。

逻辑实际上是事物之间的联系，以台球为例，白球和黑球初始位置固定，当白球撞击黑球的固定位置时，黑球必定按照某个路径前进，即使有一万次撞击，路径也都固定，两个固定事物之间的影响也一样是固定的。可以理解为人在打桌球时考虑用怎样的撞击角度才能让黑球入袋，这就是思考逻辑的可能性，以思维理解逻辑从而推理出理想结果的过程。

总的来说，逻辑和推理的关系是，逻辑是推理的思维方式，是推理的工具。逻辑代表着客观规律，反映事物之间的某种必然联系，是“因为”和“所以”的确定关系。注意：这两个定义是完全不同的，第一种定义中逻辑是可以错的，第二种定义中逻辑已然代表了绝对的正确，即不合逻辑就是错。

3. 六种主要的论证方法帮助我们证明三段论的论点是否正确

推理是逻辑思维包含的一种现象，而推理中最重要的一个论证方法是三段论。根据史籍记载，古希腊哲学家、逻辑学家亚里士多德首先提出了关于三段论的系统理论。

三段论也叫直言三段论，是传统逻辑中的一类主要推理，在现代逻辑定义中，我们将直言三段论拆分为三个组成部分：大前提、小前提和结论。

大前提是一般性的原则。小前提是一个特殊陈述。在逻辑上，结论是从应用大前提于小前提之上得到的。比如，金属是导电体，铜是金属，所以,铜是导电体。又如，所有的绿色植物都要进行光合作用，郁金香是绿色植物，所以，郁金香要进行光合作用。再如，凡是有角有蹄子的动物都不是吃肉的，这个动物是有角有蹄子的动物，所以，这个动物不是吃肉的。

印证三段论需要遵守六个论证方法。

第一，一个三段论必须包括意义明确的三项。

三段论的结论是其中两个词项以某种关联相联系的直言命题。但是这个定义强调的是，当只有存在第三个词项同时分别联系这结论中的主项和谓项时，二者之间才有关联。换句话说，想要让三段论从两个前提有效得出结论，就要包含三个项目，且每一个项目要在三段论中出现两次，而大项作为结论的谓项和大前提的主项或者谓项，小项作为结论的主项和小前提的主项或者谓项，中项在两个前提中出现一次，一般作为它的主项或者谓项。

如果出现了四个词项，则大前提和小前提之间就没有起媒介作用的词项，因而不能推出确定结论。

第二，在结论中周延的项在前提出现的位置上也必须周延。

论证的有效性有一个重要的标志，是它的结论能够从前提当中推导而出，然而当论证的结果比前提确定了更多的内容，那么论证无效。三段论的结论所表达的内容一旦超出它的前提所表达的内容，一定是无效的，也就是说三段论中的小项和大项在结论中是周延的，然而在前提中出现是确实不周延的。

保证结论所断定的范围不超出前提所断定的范围，从而保证结论的可靠性。违反这条规则的逻辑错误叫“周延不当”，又分两种情况：一是大项在前提中不周延，在结论中变得周延了，这种逻辑错误叫“大项周延不当”；二是小项在前提中不周延，在结论中变得周延了，这种逻辑错误叫“小项周延不当”。

第三，中项至少要进行一次周延。

通常三段论的中项只能出现在两个前提位置的词项，也只有在大项和小项连接时发生作用，所以结论中的大项和小项产生了关联。然而中项只有在至少一次的前提中指代称类的一切对象时才有意义，而一旦中项只是在大前提中指代称类的部分对象，而在小前提中指代称类的另一部分对象，可以认定，大项和小项分别和中项的不同部分产生了关联，二者必然无法相关，三段论也不能被支撑。

比如，所有野生兔子都是有毛的哺乳动物，有些有毛的兔子是分散攻击类的动物，所以有些分散攻击类的动物是野生兔子。

“至少进行一次周延”能起到使大项和小项发生必然联系的媒介作用；否则，大项与小项的联系就是或然的，不能推出确定结论。再比如：马是脊椎动物，鹿是脊椎动物，因此，鹿是马。

上述列举的两个例子都是违反“至少进行一次周延”这个原则的，所以得出的结论也是错误的。

第四，一个有效的三段论不能有两个否定前提。

当一个三段论的大前提是否定的，那么它的中项和大项所代指的类，或者部分或者全部都是相互排斥的。另外，假设三段论的小前提是否定的，那么中项和小项所指代的类，同样是或部分或全部相互排斥。由于小项和大项所指称的类之间关系不明确，那么就无法得出正确的结论。如果两个前提都是否定判断，那么就断定了中项和大项、小项之间有不相容的关系，也就是没有共同的外延，那么，中项就无法起到媒介作用，就不能推出确定的结论。

比如，播音系的学生不是学前教育系的学生，张三不是播音系的学生，所以张三是学前教育系的学生。这个推论也不是正确的，因为学前教育系和张三之间没有必然关联。

第五，假设有一个前提是否定的，那么结论一定也是否定的，同理，如果结论是否定的，那么相对应的另外一个前提也是否定的。比如，所有的年满十八岁的守法公民都有选举权和被选举权，小王不是年满十八岁的守法公民，所以小王没有选举权和被选举权。

第六，假设两个前提都是全称的，那么结论也一定是全称的。比如，有些团员是商人，有些青年不是商人，有些青年不是团员。这个推论就是无效的。

这六条原则中，每一条都规定了让直言三段论有效的必要条件，所以遵守其中任何一条规则的三段论都能满足令其有效的条件。但是这并不能构成有效的充分条件，只有当六条规则全部被遵守时才能成为有效三段论的充分条件，所以这些原则提供了检查的有效性的判断依据。而且这六个原则的特点是，一旦其中一个方法存在着使用上的偏差，另外一种方法也能被检查出来，所以三段论形式上如果出错是可以被识别出来的。

确保使用有效性规则和错误的方法来检验三段论形式的有效性，要遵守两条执行法则，第一条法则是用心记住哪条规则和错误是相关联的，另一条法则是要记住规则和错误不是能阐述同一件事情的不同方法，规则是当我们断言三段论的有效性时要记住的准则，而错误是隐藏在违背三段论有效性时应记住的指示要求。也就是说，只有当六条原则全部具备时才能构成三段论有效的条件，有效的三段论必须是保留真值的。

4. 重构论证能帮助我们更好地研究问题的本质

运用麦肯锡逻辑思维进行思考，解决问题的第一步是要找到本质。无论进行科学研究或是从事日常工作，我们都应该认清一件事，即只有弄清楚问题的本质，我们才能真正有效地发现问题，解决问题。这就好比一架机器突然停止了运作时，我们不能单纯看到它停止了运作这一表象，还要明白它因为什么而停止了运作，对其进行检查，找到根本原因，采取相应的对策，才能让它恢复运作。若是我们不求本质，一味向机器中灌入机油，或是用强硬的手段推动机器运作，那么不但不能解决问题，还可能令机器损坏。

当我们明白研究问题本质的重要性后，另一个问题便产生了。几乎所有问题的本质都不是显而易见的，在其表面，覆盖着一层又一层的表象，甚至有一些表象会对我们的判断产生干扰和迷惑，使我们无法凭借肉眼一下子看穿这些表象，直达问题的本质。那么，要怎样做才能看到问题的本质呢？

根据麦肯锡的理论，想研究问题的本质，我们就需要学会分析论证。分析论证是逻辑思维者必须具备的技能，同时也是最基础的技能。一个不懂得分析论证的思维者不但算不得一个合格的思维者，而且连思维领域的大门都难以迈进。

分析论证中包含重构论证和论证评估，二者之间的关系就如同地基和楼房。盖楼时，只有先打好地基，才可以盖楼，否则楼盖到中途就会出现问题。在分析论证时，只有先进行重构论证，才可以进行论证评估，没有经过重构论证，论证评估就不够严谨，所得到的结果也很可能存在各种细节上的问题。所以我们说，重构论证的存在是进行论证评估的先决条件。

究竟什么是重构论证呢？重构论证，即当我们无法在论证中弄清楚什么是前提，什么是结论，以及两者之间的关系时，所进行的分析推理过程。这一过程能够帮助我们有效地理清思路，确定论证是否存在和成立。

按照麦肯锡逻辑思维的标准，想要重构论证，我们必须要先懂得识别论证，确定一段文本中是否存在论证，存在几个论证，每个论证之间有怎样的关系，进而对论证进行准确评估。判断论证是否存在的方法很简单，若是信息中出现了具有论题性质的文字或语言，并且存在支持此论题的依据。那么我们就可以确定，这段信息当中存在着一个论证。

在识别论证的过程中，我们必须全神贯注，对可能包含论证的一切信息进行仔细观察或聆听，从中筛选出重要的信息，过滤掉不重要的信息。以麦肯锡的逻辑思维为基础，若是信息中确实存在论证，我们便可以对此信息分析，识别出信息中的前提和结论，然后将它们有序地组织起来，进行重构。

在很多论证中，我们可以看到类似“所以”、“因此”之类的词汇，这些词汇可以明确地告诉我们它后面跟着的是论题，所以也被称为“论题指示词”。与其相似的词汇还有“于是”、“得出结论”、“由此可见”、“我们可以推断”、“可以得出”等。论据同样也有相应的指示词，比如“因为”、“由于”、“假如”、“毕竟”、“根据”等。这些指示词可以帮助我们识别出论据和论题。

重构论证的过程其实很简单，只要我们将所有论证的逻辑顺序进行调整，然后将论题放在最后即可，用十二个字去概括，即“规整语言，调整顺序，补充完整”。需要注意的是，对于前提和结论，我们要有一个正确的区分。如果区分不正确，就无法确认论据是否真的支持论点。

在规整语言时，我们应该保持表述的统一性，用统一的语言去表示相同意义的词句，同时简化句子的成分，将一个复杂句式简化成多个简单陈述句，并将无关的成分去除，无关成分如前文提到的指示词。最后，我们要适当调整每个论证的前提，将它们的顺序变得更直观、更有条理，同时将缺失的部分还原。

举个例子：“22楼住的都是美女，安迪住在22楼，所以安迪是美女。”在这个例子中，“安迪是美女”是断言，也就是结论；“22楼住的都是美女”和“安迪住在22楼”对“安迪是美女”这个断言起着支持作用，也就是说“22楼住的都是美女”和“安迪住在22楼”是前提。

将这个例子进行重构，除去指示词，将论证放在前面，论点放在后面，可以写作：

（1）22楼住的都是美女。

（2）安迪住在22楼。

（3）安迪是美女。

在重构的论证中我们可以看到，论据1和论据2的顺序并不会对结论产生影响，无论哪一条放在前面，起到的作用都是相同的。而且虽然指示词已被去除，但是当我们看到结论时，脑海中仍然会自然而然地出现一个论点指示词。虽然句1和句2前面也可以加论点提示词，然而在加了论点提示词后，我们再去读全句，就会发现这样的因果关系是不成立的。

若我们将句1定义为论点，那么重新排列的句子便是这样的："安迪是美女，安迪住在22楼，所以22楼住的都是美女。"安迪只是22楼的一位住户，她的相貌水平无法代表所有住户的相貌水平，所以很明显，这个论证是不成立的。

若我们将句2定义为论点，那么重新排列的句子便是这样的："安迪是美女，22楼住的都是美女，所以安迪住在22楼。"这句子看似合理，却禁不住推敲。22楼住的都是美女，并不能说明其他楼就没有美女，安迪既可能住在22楼，也可能住在其他楼，所以这个论证也是不成立的。

还有一些时候，前提和结论会被省略，这种情况通常发生在比较熟悉的人之间，或是谈话双方都明白所谈论的话题的背景时。比如在"莉莉是鲍比的女朋友，鲍比很伤心，所以莉莉需要安慰他"这句话中，"莉莉需要安慰他"就是一个论点，"莉莉是鲍比的女朋友"和"鲍比很伤心”是论据。但当谈话双方都知道“莉莉是鲍比的女朋友”这一前提时，这一论据就可以省略，可以在交谈过程中直接说“鲍比很伤心，所以莉莉需要安慰他”。

此时，我们将省略了一个前提的论证进行重构，可以得到：

（1）鲍比很伤心。

（2）莉莉需要安慰他。

这一重构的论证虽然缺少了一个前提条件，但两者的关系仍然非常清楚，1为论据，2为论点。若是以句1为论题，整个论证将会变成：“莉莉需要安慰他，所以鲍比很伤心。”在缺少一个前提的情况下，这个他所指代的人便不够明确，句子的意思很可能有两种：一种是鲍比因为莉莉需要安慰别人而伤心，另一种是鲍比因为莉莉需要安慰自己而伤心。即使我们将省略的前提加回到原论证中，所表达的意思同样不明显。而以1为论据，2为论题，就不会出现这样的歧义。这便是为什么按照麦肯锡逻辑思维进行的重构论证能够帮助我们更好研究问题本质的原因。

既然重构论证对于研究问题本质有着如此重要的作用。那么，如何能让我们的重构论证能力得到提升，进而拥有更加严谨的逻辑思维呢？有一种方式不妨一试，那就是多阅读一些经典的原著选读。

在经典的原著选读中，我们可以读到很多原始的哲学论证。这些论证分散于作品中，没有经过提炼和排列，我们可以一边阅读，一边对它们进行挑选和排列，这便是一种关于理解力和重构力的训练。此外，我们还可以参照一些近代哲学家所发表的与经典著作相关的作品，以此来检查我们对原著的理解是否正确，重构的论证是否正确。

5. 非形式逻辑是研究论证的重要方法

何为非形式逻辑？非形式逻辑事实上也属于逻辑的一种，只不过它在进行分析时，不以逻辑形式的概念为主要分析工具，也不以逻辑的有效性为主要评价功能。如果我们将逻辑看作科学研究中经无数次严谨周密的实践而得到的定理，那么非形式逻辑就好比人们在日常生活中积累到的经验，虽然没有通过公式的推导，却同样真实可行。

现阶段，关于非形式逻辑的比较通俗的定义为：以讲述日常生活中分析、解释、评价、批评和论证建构的非形式标准、尺度和程序为任务。简单地讲，非形式逻辑就是我们日常生活中常用的逻辑思维推理。在国内，人们有时也会称它为批判性思维或论证逻辑。

非形式逻辑最早出现于西方，出现时间为20世纪50年代。首次出现于德国逻辑学家斯克兹的《简明逻辑史》一书中。只不过在那时，非形式逻辑还不是很普及，只在一些重要的能力型考试中才会出现。直到20世纪70年代末，非形式逻辑与批判性思维一同席卷了欧洲和北美，形成一股大浪潮，这股浪潮持续了十几年，并引起了世人的广泛关注。在此期间，欧美的多所大学之中也开始增设非形式逻辑的课程，麦肯锡的许多成员也都接受过这一课程的培训。

形式逻辑的产生大多与数学家有关，非形式逻辑则不同，它的产生基本与数学家无关，却与法学家有关。在这些法学家眼中，数学家们研究出来的逻辑过于专门、局限，不适用于日常生活，所以他们研究出了非形式逻辑，用来解决普通人生活中的常见问题。如今，人们已对非形式逻辑达成共识，将它视为一门清晰的明确的学科。

形式逻辑的缺陷在于它们不够贴近人们的日常生活，人类的语言具有丰富多样的特性，即便形式逻辑拥有多种表达方式，但它们过于符号化、模式化，完全不足以将人类所有的情感和意图表达出来。此外，形式逻辑以推理和论证的有效性为研究核心，需要首先确保前提为真，之后方可进行推理，在人类的生活中受到很大局限。根据麦肯锡逻辑思维进行研究，更多时间里，人们最为关心的是事情的直观合理性，而不是逻辑的有效性。非形式逻辑的出现弥补了形式逻辑中的不足，它更贴近人们的生活，可以应用于生活中的方方面面。

非形式逻辑有哪些特征呢？在麦肯锡逻辑思维模式里，首先，它需要以传统形式的逻辑为基础。其次，它以培养和训练人的思维能力为主要功能。再次，它能够同时体现多种思维方式的运用。此外，它还可以兼顾思维的确定性和不确定性，体现案例科学发展趋势，以及帮助学生们更好地学习哲学和数理逻辑。

非形式逻辑是对传统逻辑的修订和扩充。在非形式逻辑学家的眼中，论证可分为两种，一种为静态结果的论证，另一种为动态结果的论证。这两种类别的产生也使非形式逻辑学家们分成了两派，一派支持前者，被称为形式论辩学派，另一派支持后者，被称为语用论辩学派。两派在论证方面主要的区别在于如何将论证进行归类。相比之下，后一派在对论证归类时表现得更加大胆，突破了传统的主流逻辑。

非形式逻辑是一种逻辑尝试，这种尝试可以对能够用于评估、分析和改进非形式推理的逻辑起到促进发展的作用。随着非形式逻辑的发展，语用论辩学派渐渐占据了优势。

逻辑思维中最忌讳的是先入为主的观点。然而许多人在应用形式逻辑思维时，却会不自觉地，甚至习惯性地将主观意识作为评判的标准。他们有自己的一套逻辑，并且不允许任何人质疑或反对他们的逻辑，于是在与其他人接触的过程中，一旦对方谈及与他们逻辑不同的观点，他们就会努力以自己的逻辑去辩驳。

凡事都有两面性，有其利也有其弊，然而很多人在生活中喜欢忽略其中一方面，只关注自己想要关注的一方面。比如作为汽车的生产商，他们会着重强调汽车大量应用所带来的好处，对同时存在的负面影响极力弱化甚至闭口不提。而换作一些相对激进的环境保护者，他们就会大力强调此事带来的危害，而不去提及此事对社会带来的好处。这两种思维都过于主观，此时，若是有人以非形式逻辑思维去劝说他们任何一方，他们都会认为此人是在为另一方说好话。

运用非形式逻辑思维则可以客观地、批判性地看问题，既看到事物好的一面，也看到事物不好的一面。根据麦肯锡的研究，运用了非形式逻辑思维之后，这种先入为主的情况便不会产生。比如对于一位运用了非形式逻辑思维的人来说，汽车的大量应用既节省了人力和时间，又能让人享受到更舒适的生活，但同时它的大量应用也造成了能源的消耗、环境的污染以及交通的阻塞。这便是从客观的角度对事情的本质进行分析，得到的结果也必然更全面。

从麦肯锡逻辑思维的角度来看，在人们的日常生活中，不懂得应用非形式逻辑的人往往更容易陷入无法解决的纠纷之中。除了上述所举的关于汽车大量应用的例子，类似的例子还有许多。

杰瑞和马丁合伙开了一家快餐店。开业初期，为了吸引更多的顾客，马丁提出增加一个甜品柜台。按照马丁的逻辑，增加一个甜品柜台可以吸引更多女性顾客，使她们带着她们的女朋友或男朋友或家人前来消费。这样一来，店的营业额就会大大提升。

按照杰瑞的逻辑，创业初期应该求精求稳，等店发展到一定规模再去考虑多样化经营。在他看来，增加一个甜品柜台无疑会使店内增加许多开销，比如制作甜品的原料、烘焙甜品的机器，而且还要多雇一名服务员专门负责甜品柜台。此外，每日摆放在柜台中的甜品若是无法全部销售，只能浪费，也是一笔不小的开支。对于一家刚刚开业的小店来说，增加这些开销很可能导致店内资金短缺或赔钱。

杰瑞和马丁就此事进行了商谈，在商谈过程中，马丁一心想到开设甜品柜台之后可能带来的利润，却对可能产生的风险避而不提，只是不断强调这样做会给店里带来怎样的好处，并举了一些自己在其他地方见过的类似成功案例。他认为成功的案例是可以复制的，既然别人这样做可以成功，那么他们的店这样做也一定可以成功。

杰瑞并非不认同马丁的提议，只是不赞成在这样的时间内实施这样的计划。他仔细考虑了马丁的提议，计算了成本和可能获得的利益，又对小店所在位置周围的消费群体进行了研究，最终得出了不可行的结论。然而当他将这一切分析给马丁时，马丁却一心认为杰瑞不赞成他的提议，只是在找借口拒绝。

在这个案例中，我们可以明显看出马丁和杰瑞两人在逻辑思维上的差别：马丁遵循的是形式逻辑，杰瑞遵循的则是非形式逻辑。马丁思考问题时，只考虑到自己的逻辑，不考虑其他的可能；杰瑞思考问题时，不但考虑了自己的逻辑，也考虑了他人的提议。

对于没有非形式逻辑思维的人来说，他们只接受他们已有的认知，并且只相信自己的认知是正确的。他们不接受任何与自己认知不同的建议或事实分析，所以当他们在某件事上与别人产生分歧时，对方无论如何解释都不能平息他们的怒火。即使有人站出来说句公道话，他们也会认为劝解的人站在另一边。

再举一个生活中常见的例子，两个人因为一件事情吵架，双方都认为自己在这件事情中没有错，于是拼命指责对方，并将事情说给第三人听，想要寻求第三人的支持。第三人在听过两人的表述后，根据麦肯锡逻辑思维对信息进行整理和分析，发现两人都没有绝对意义上的错误，却也都有做得不到位的地方，于是分别对两人进行劝解。

第三人在劝解的时候，首先认可两人做得对的地方，然后再指出他们不足的地方，希望他们可以理解对方。然而只要劝架的人说了一句与他们逻辑不同的话，他们就会认为劝架的人是在偏袒另一方。

站在麦肯锡逻辑思维的角度，我们也可以这样理解，懂得运用非形式逻辑思维去思考的人会从客观的角度看问题，不偏不倚。正是因为它具有这种特质，所以我们说非形式逻辑思维是研究论证的重要方法。

第二章

用逻辑思维思考

逻辑思维对人们的生活有着重要影响。日常生活中，很多人之所以生活得很混乱，很累，就是因为他们的头脑中缺少逻辑，进而导致他们无法理解遇到的各种概念，无法分清哪些是自己应该承受的，哪些又不是自己应该承受的，也无法处理好身边的事情。懂得运用逻辑思维思考的人头脑清晰，思维缜密，办事有条理，有系统性，从而可以避免许多麻烦。想要学会用逻辑思维思考，就要先拥有正确的逻辑思维，之后再去学习如何有效地运用它。

1. 理性接受度是判断逻辑思维正确与否的衡量尺度

我们想要到达一个地方，首先要确定那个地方的位置和方向，然后选择一条正确的道路，朝着正确的方向前进。如果我们走错了方向，却还不停地加快前进的速度，那么我们只会离目的地越来越远。做事也是同样的道理。

在麦肯锡的原则中有一条是，发现正确的问题，然后做正确的事，并且正确地做事。想要做正确的事，首先要明确自己的目标是什么，真正的问题又在哪里。这里我们所说的目标不可以是笼统的、模糊的，比如赚很多钱，或者有很高的地位之类，而应该是准确的、清晰的，比如将自己的公司打造成为全球知名品牌，或是让自己成为全球排名前五百强之内的企业家。以学习为例，如果目标只是为了应付考试，及格即可，那么学生在学习的过程中会将重点放在知识点的记忆上，而如果目标是真正地学到知识，那么学生在学习的过程中就会更加重视理解和思考。

按照麦肯锡的原则，在做一件事前，我们必须先发现问题在哪里，并且确定我们所做的事是正确的，然后才是用正确的方式去做这件事。

麦肯锡接触过的客户中，有些人的问题便是在于他们连自己的目标是什么都不确定。这些人只会一味地问“我该怎么办”，而不去思考自己究竟想要在哪一个领域或哪一件事情上有所发展。他们眼中关注的只是薪水的金额，而不是个人能力是否能够得到提升，更不会为自己的将来做打算。对于这样的人，麦肯锡不会给他们任何建议，因为实在没有建议能够真正帮到他们。

还有一些时候，去麦肯锡寻求帮助的客户心中并非没有目标，然而他们所选择的目标却是错误的，是无法实现的，只是他们自己没有意识到这一点。出现这种情况主要是因为客户们无法对自己选择的事情有一个正确的判断。就好比一个不了解电脑构造和原理的人，突然遇到电脑无法开机的情况，便打电话给维修人员，要求维修人员给他换一个电源。在他看来，可能是电脑的电源坏了，无法供电，而维修人员经过检测，发现其实是他电脑的主板出现了问题。

在麦肯锡的逻辑思维中，对于想要成事的人来说，最首要的任务就是确定自己要做的事是正确的。然而如何才能确定它是否正确呢？理性接受度是一个关键性的标准。

理性接受度包括两个方面，一方面是以人为主的理性接受度，另一方面是以论证为主的理性接受度。不同的人理性接受度不同，所以他们在进行判断时，得出的结论也不同。越是具有理性的人，越容易准确判断出什么事情是正确的、应该做的；相反，那些不够理性的人在判断事情正确与否时，往往没有头绪，出现偏差，或做出错误的判断。

同样的一件事，理性接受度强的人一定比理性接受度弱的人更容易看清其本质。这是因为理性接受度弱的人会在判断时加入自己的情感和情绪，从而影响他们的判断结果。一位理性接受度较弱的管理者在挑选项目负责人时，可能因为能力最强的员工曾经当面顶撞过他而不用此人，改用态度良好但能力相对弱一些的员工。若是管理者的理性接受度强，那么即使自己仍然对此人的言行心存不满，也同样会认可此人的能力，并从顾全大局的角度出发，任命此人为项目负责人。

对于理性接受度较弱的人来说，冲动和情绪化总是难免的，而冲动和情绪化又会极大程度地影响他们的判断。所以很多理性接受度较弱的人时常会感到头脑一片混乱，无法清楚地思考和判断。对于这些人，麦肯锡资深顾问奥姆威尔提醒他们，如果暂时无法确定自己要做的事是否正确，那么就不要着急，以免在错误的道路上越走越远。

然后我们再从论证的角度去看理性接受度。在这方面，理性接受度主要指的是论证是否具备逻辑关联性和理由的支持，即是否能够令人从理性的角度接受。当前提与结论之间具备较强的逻辑关系时，论证的理性接受度较高；当前提与结论之间具备较弱的逻辑关系时，论证的理性接受度较低；当前提与结论之间毫无逻辑关系时，论证不具有理性接受度。

让我们来看几个例子。

（1）受寒易导致感冒的发生，所以天冷时人们应该多穿衣服。

在这个论证中，“受寒易导致感冒的发生”是前提，“天冷时人们应该多穿衣服”是结论。前提与结论之间逻辑关系密切，所以此论证的理性接受度较高。

（2）汤米所在班里的学生都成绩优异，每次年级考试都能排进前100名，所以我们可以推断，汤米每次年级考试都能排进前100名。

在这个论证中，前提和结论也有着很强的逻辑关联，如果前提是真的，那么结论就一定是真的，所以此论证的理性接受度较高。

但若是论证中的前提和结论逻辑关联较弱，前提是真的，结论也不一定是真的，比如“汤米每次年级考试都能排进前100名，他班上的温蒂和西蒙也是如此，由此可以推断，汤米所在班里的学生每次年级考试都能排进前100名”，这个论证的理性接受度就比较低。

（3）早上我吃了一个鸡蛋，所以现在我特别想睡觉。

在这个论证中，前提和结论之间毫无逻辑关联，我们无论遵循什么原理都无法根据前提推断出结论，所以此论证完全不具有理性接受度。

发现正确的问题之后是做正确的事。这一理念同样适用于企业管理。企业的发展需要经历一系列的过程，这一过程中包含着多个环节，任何一个环节出错都会对企业造成不可挽回的影响，轻则导致资金上的损失，重则导致整个企业链瘫痪。特别需要注意的是，一旦所做的事情是错误的，那么做的时候越投入，事情完成得越完美，造成的损失也就越大。

以建筑业为例，有一位施工队长命工人们在一块地面上建一根三十米的烟囱，工期两个月。工人虽然感到诧异，却也没有多问，一起认真地干了起来。两个月后，烟囱建好了。然而当有人来验收工程时，他们才知道施工队长下达的命令是错的。对方想要的是一口三十米深的水井，而不是一根三十米高的烟囱。如此一来，他们不但拿不到工钱，还要多花大量的时间将烟囱拆掉，并且无偿为对方打一口井。除此之外，整个施工队还要因为耽误工期而支付高额的赔偿。

再举个例子，20世纪70年代，飞利浦公司发明了盒式磁带，使盒式磁带录音机快速成为各个家庭必不可少的物件。然而随着时代的发展，盒式录音机渐渐被淘汰，人们开始对小巧便携的录音笔产生了兴趣。此时，曾以生产盒式磁带录音机闻名的企业若是继续大量生产盒式磁带录音机，即使生产出的录音机造型更加美观，质量更好，也仍然会滞销。而且，生产效率越快，生产的数量越多，损失就会越大。

按照麦肯锡的建议，确定自己所做的事是正确的之后，接下来则是要用正确的方式去做。仍以学习为例，如果学生想要在考试中取得好的成绩，就应该将时间和精力用于努力学习书本上的知识，以及课后认真复习上，而不是将时间和精力都用在如何作弊才能不被发现上。

谈到正确地做事，不得不谈到执行力。就个人而言，执行力表现为一个人办事的能力；就企业而言，执行力表现为经营能力。企业的执行力与团队中每个人的执行力都有关。一个团队中每个人都有执行力，团队才能有执行力，企业才能有执行力。简单来说，执行力就是行动力，执行力越强，说明行动效率就越高，实现目标的概率也就越大。当然，这也是建立在做正确的事的基础上的。

无论个人还是企业，想要正确地做事，就必须具备有效的执行力。何为有效的执行力？麦肯锡认为，有效的行动力是在清楚目标之后，所做的真正对达成目标有帮助的行动力。有效的行动力可以及时纠正过程中一些小错误，处理好突发情况，分清主次，合理分配好时间，兼顾功能和效率，确保行动的进行。

用理性接受度去判断逻辑思维正确与否，然后发现正确的问题，做正确的事，正确地做事，想要达到预期的目标也就不是难事了。

2. 要用正确的心态去看待理性接受度之外

我们了解到什么是理性接受度，知道人们可以用理性接受度来衡量逻辑思维是否正确，然而并不是世上所有的论证都在理性接受度之内。又或者在有些情况下，人们的理性接受度不足以承受面前正在发生的事。此时，就要求我们拥有正确的心态。另外，世上没有永恒不变的事物，一旦现有的理性接受度发生了变化，我们也必须适应它，接受它，不能抱着旧逻辑不放。

之前我们提到过，不同的人具有不同的理性接受度，所以人们经常会在生活中遇到这样的情况，一件事在自己看来十分正常和普通，却被其他人看作另类，而其他人习以为常的事情，在自己看来又十分难以接受。麦肯锡将这样的情况都归为理性接受度不同所导致的矛盾。

对于家族企业而言，子承父业，兄弟共同支撑一家公司是一件非常平常的事情。然而即使是亲兄弟，在逻辑思维领域也会有不同。按照哥哥的逻辑，想要接手企业应该从基层做起，先去分公司实习，了解公司业务，与客户接触，清楚公司运营状况，积累经验之后再逐级提升。按照弟弟的逻辑，自己是父亲的儿子，是父亲最亲近的人，父亲的一切都理所应当属于自己，所以自己完全有资格直接坐上集团副总的位子，最低也应该是分公司的总经理，完全不需要从基层员工做起。

对于这对兄弟而言，对方的逻辑都不在自己的理性接受度之内。在哥哥看来，弟弟的要求是蛮干胡来；在弟弟看来，哥哥的要求是在浪费时间。对于逻辑思维较强的人来说，很显然哥哥的思维更具有逻辑性，论证中的逻辑性更强。

麦肯锡接手过许多案例，十分清楚一家企业从无到有，到成长为一家可以在同行业领域中立足的大企业是怎样的过程。创业期间，创业者经历的艰辛不计其数，遇到的问题也是多种多样。一个对企业一无所知的人如果不从基层做起，直接操作核心项目，即使天资再聪慧，也很难真正理解项目的根本，更容易因为自己的主观意识犯下无法挽回的错误。

从遗传学的角度讲，父亲的经营天赋确实可以遗传给儿子，但管理一家企业不能只凭天赋，必须有丰富的经验才能做到。在弟弟的逻辑中，经验远远比不上血缘重要，只要自己当上集团副总，自然什么都明白了，这种逻辑本末倒置，自然站不住脚。然而哥哥在无法推翻弟弟逻辑思维的情况下，只能放正心态，做好自己的工作，而不能对弟弟抱有成见，整日将目光放在弟弟身上，认为弟弟的所有决定都是错误的。

倘若一件论证的逻辑是正确的，前提与结论之间也有着极其紧密的联系，只是超出了我们自己的理性接受度，我们应该如何面对呢？麦肯锡认为，此时我们更需要调整好自己的心态，不可过激，不可偏激，即使无法说服自己从根本上理解这一论证，也要学着用平常心去面对，承认论证的正确性。

我们来看一个案例：大学时，罗西和女友约定毕业后一同去法国发展并定居，并提前一年就做好了详细的计划。然而就在他们快要毕业时，女友的母亲突然病重，需要长期有人照顾。女友从小与母亲相依为命，无法离开母亲，于是向罗西表示她必须留下来，如果罗西仍然坚持之前的计划，去法国发展和定居，两人只得就此分手。

按照女友的逻辑，她是母亲一人抚养长大的，而且没有兄弟姐妹，于情于理她都必须留在母亲身边，照顾母亲。前提是母亲抚养她长大，并且只有她一个孩子，结论是她应该照顾母亲，两者关联紧密，论证的理性接受度强。

按照罗西的逻辑，两人就出国的事已经详细计划了一年，一切都准备就绪时突然中止计划，这是他无法接受的。前提是计划已经定好，准备已经做足，结论是两人应该按照计划进行，两者之间有关联，但紧密程度稍低，论证的理性接受度也稍弱。

对于罗西而言，女友的逻辑超出了他理性接受度的范围，却又比他的逻辑性更强、更有力度，所以此时他的无法接受并不代表对方的逻辑是错误的。按照麦肯锡的逻辑，此时罗西需要的是认可女友的决定，并且学着接受对方的决定。即使他最后不得不一个人去法国，不得不接受两人分手的事实，他的心里也没有理由去责怪女友，或者认为女友不与他同行是天大的过错。

最后，我们来谈一谈理性接受度的改变。正如本节开头提到的，世上没有永恒不变的事物，理性接受度也是如此。以女子的教育为例，在我国古代社会，统治者为了稳固统治地位，提出“女子无才便是德”，其逻辑为女子一旦有了知识，就可能学会思考，向往自由，不安分守己，不顺从丈夫，如此一来必然引发社会的混乱。

如今我们都知道这种逻辑是荒谬的，这一论证也实属谬论，但在当时的社会中，几乎所有人都接受这一逻辑，并因此限制女子受教育，不许女子学习知识，甚至连女子自身也认为这样做是对的。运用麦肯锡的理论进行分析，这一现象说明，在当时这一逻辑基本符合所有人的理性接受度，所以才能成为社会中普遍的论证，得到人们的认可，视之为

“正确”。

随着时代的进步和发展，“女子无才便是德”这一论证逐渐显示出它的缺陷和不合理，其逻辑性也开始遭到人们的质疑。越来越多的人的思想开始发生改变，对这一论证的理性接受度也逐渐变弱，不再认可曾经的逻辑。按照麦肯锡的理论，当时代已经改变，环境也已改变时，仍坚持旧论的人无法成事。所以若是有人在时代的进步中仍坚持“女子无才便是德”这一论证，以此论证为真理去做事，自然会遭到人们的否定和排斥。

对于一家企业，不考虑变化而一味守旧不但无法发展，还可能使企业被时代淘汰。上一节中盒式录音机的例子也说明了这一道理。当盒式录音机已被时代淘汰时，再去按照旧的论证，只注重提高生产效率，提高产品的质量和美观程度是不够的。麦肯锡建议，此时这些企业需要考虑的是了解顾客们的需求，引进新技术，开发新产品，突破只能生产盒式录音机的局限。或许这样的改变不符合他们传统的理性接受度，但却是确实能有效让企业生存下去的方法。

无论在生活还是工作中，超出我们理性接受度的事情时有发生，逻辑思维超出我们理性接受度的人也时有出现。这是正常现象。特别是在我们的逻辑思维能力不够强，理性接受度较弱的情况下，出现这样的现象更是很平常。麦肯锡建议，当我们暂时无法接受其他逻辑的时候，我们首先需要冷静，不能过于激动，失去理智。

生活中因为逻辑思维能力不强，一时激动失去理智的反面案例有许多，比如因与人争辩不过动手伤人，为了证明自己的逻辑是正确的结果反而落入他人陷阱，或者为了尽快找到事实反驳对方而令自己陷入困境。

逻辑思维不够强的人在遇到反驳时很容易头脑混乱，越是急于向对方证明，就越是容易出错。所以麦肯锡才会提醒我们，一定要冷静，这样才能有助于我们理清头绪，看清事情的本质。即便实在无法看清事情的本质，至少不至于让自己离正确的方向越来越远。

一旦我们失去冷静，原本不清晰的思维就会更加混乱，漏洞百出。如果对方的论证是错误的，我们这样做恰好给了他们可乘之机，让他们发现我们的弱点，对我们进行更强烈的攻击，扰乱我们的思维，让我们陷入更深一层的逻辑混乱。所以当我们面前的论证超出我们理性接受度时，切记要安抚自己的情绪，不能让主观思维占了优势，而要尽力让自己的思维平静下来，从客观的角度去看问题，对其进行客观分析，这样才能有助于我们做出正确的判断。

3. 语言是逻辑思维在现实生活中的表象

以语言来表达各自信念的标准方式叫语句。语句只有两种性质，非真即假。比如“天空是蓝色的”这句话，它表达了一种状态即天空的颜色是蓝色。如果天空真的是蓝色的，那么这句语句为真，如果天空不是蓝色的，那么这语句为假。

语言存在的主要意义在于实现沟通。人类的语言有四种主要功能：一、传递信息，即将某一事实描述给听者；二、下达指令，即让听者去做某事；三、表达思想和感受，令听者了解自己心中所想；四、做出承诺，让听者明白讲话者的态度。每一种功能中都有多种表现形式，这些表现形式也叫言语行为。

若说语言是逻辑思维在现实生活中的表象，人们应该不会觉得陌生。在日常生活中，我们每天都会说很多话，也会听到很多话，但在这些话中，有多少是有用的，有多少是无用的呢？以麦肯锡逻辑思维为标准去分析，同样的时间里，一个人说出的有用的话越多，证明这个人的逻辑思维越强，反之则证明这个人的逻辑思维越弱。

在麦肯锡公司中，有一种沟通方法非常流行，由于这种方法与电梯有关，因此被称为“电梯测验”。这种方法通常应用于麦肯锡公司检验陈述者的陈述咨询报告，其目的是通过了解对方是否能在最短时间内将他的意图表达清楚，来判断此人是否具备快速应对能力。这一方法也已成为麦肯锡录取新人的考试题中重要的一个环节。

在对新入职人员进行电梯测验时，考官会先给他们假设一个前提：你和你的团队已经为一个项目努力了很久，你们考虑到了所有项目中可能发生的情况，并设计出了相应的解决方案。你们的项目设计非常完美，一个细节都没有遗漏。报告会当天，你拿着你们连夜审核过的报告，屏气凝神地走向你们的客户，准备向他们汇报，就在此时，听取你们报告的首席执行官突然离开座位，说他有急事需要马上离开，但是他可以给你一个机会，让你在他乘坐电梯的途中向他进行汇报。

乘坐电梯从你们所在的楼层到达楼下大概有30秒的时间，你需要在这有限的时间内将你们团队的方案高度浓缩，然后将中心意思简单明了地告诉这位首席执行官。如果你不能在规定的时间内让他对你们的项目有一个清晰的了解，产生兴趣，那么你们就有可能失去这一次难得的机会。那么问题来了，你会怎样向他讲述你们的项目？又是否能确定让他接受你们的方案呢？

这样的面试问题曾难住了许多人。30秒的时间太过短暂，对于一名逻辑思维能力不够强大的人来说，只是稍微思考一下，时间就过去了一半。还有许多人在听到这个情况后，大脑一片空白，不知如何应对，就在他们犹豫的时候，机会也从他们身边溜走了。

麦肯锡公司会用这样一个假设来测试面试人员，是因为语言的表达能力可以直接反映出一个人的逻辑思维能力。很明显，不能快速作答的人逻辑思维能力不够完善，无法有效地向他人传递自身观念，也不具备良好的与人沟通能力。作为一家为客户提供咨询业务的公司，麦肯锡是不会接受这样的人在公司里从事咨询工作的。

客户前来咨询，自然是因为凭他们自身的能力无法快速发现问题、解决问题，所以才需要一位能力强的工作人员为他们提供帮助。他们对咨询人员抱有极大的希望，咨询人员在解答他们的问题时一旦有所犹豫，哪怕只是几秒钟，都会让他们对咨询人员的专业性和工作能力产生怀疑。如果咨询人员不能快速有效地与客户进行沟通，取得客户的信任，那么结果就会更糟。

在其他领域，电梯测验也同样适用。许多世界知名企业的高层管理人员都非常重视电梯检测的结果，CTR风险投资公司的罗杰·布瓦斯韦特就曾表示，如果一个人在进行商业汇报时不能通过电梯测验，那就说明这个人没有准备充分，对自己手中的资料不够理解，又或者是在一开始就没有理清结构，就他而言，与这样的人展开讨论是一件不可能的事。

日常生活中，人们最常用的表达方式就是语言，所以语言的逻辑性决定了交流是否顺畅，意思是否表达明白，以及信息是否传递正确。麦肯锡在接触过的客户中发现，逻辑思维较强的人在讲话时条理清晰，语言组织严密，一切表述都合情合理。他们能够用最简单、直观的方式将自己所要表达的东西呈现在听者面前，令听者明白他们遇到怎样的困难，需要怎样的帮助。

逻辑思维稍弱一些的人也能够将自己的思想表达清楚，只是他们在表达的过程中会增加一些辅助性表述，使表述的时间增长。这些人因为逻辑思维稍弱，所以在处理信息时速度稍慢，也容易将一些逻辑关联不那么强的内容看成必要信息。但从整体上来看，他们还是能够抓住重点，只是在个别细节上想不清楚。若是在交谈过程中被人打断，或突然被提问，他们会出现短暂的迟缓和停顿，但是稍作思考后，他们还是可以做出准确的回答。

逻辑思维混乱的人分不清信息的主次，会将不重要的事情当成重要的事情去讲，而忽略了真正重要的信息。这些人所看到的问题往往只是一个片面的表象，并非本质，一旦中途有人打断他们，或是提问，他们脑中就会乱作一团，找不到方向。所以经常需要在逻辑思维较强的听者的引导下才能将事情的整个流程讲述明白，说到问题的重点。

没有逻辑思维的人讲话时会令听者完全听不懂他们想要表达什么。他们在咨询时脑子里从来没有考虑过真正的问题是什么，以及为什么会发生这样的问题。他们所担心的只是眼前看到的表象，而事实上，这表象完全不重要。他们讲话时很容易跑题，常常因为对谈话中某一个词汇有兴趣，便转移话题，从咨询问题变为闲话家常。即使听者能够听得懂他们所说的每一句话，并且一直在倾听，然而当谈话结束时，却几乎没能从他们口中得到任何有用的信息。

麦肯锡指出，对于企业而言，缺乏沟通可能产生的成本损耗远远要超过沟通过度所产生的成本损耗，然而若是沟通的品质得不到提升，那么再多的沟通都是徒劳的沟通，不仅产生的成本损耗会更加严重，比如无法得到与重要问题有关的信息或观点，产生重复性的劳动，得出错误的结论等，还会令企业在策略上出现重大问题，导致已完成的工作无效，不得不返工等，造成的损失将会更严重。

如今，许多企业为了提高员工的逻辑思维能力，节省无效时间，提升企业工作效率，都在企业内部引入了麦肯锡的电梯测验。由于电梯测验所针对的对象是逻辑思维极强的人，有些企业将这一测验的难度稍微降低了一些，增加了测验的时间，以免打击员工的积极性。比如让员工在半个小时内介绍完一个大型项目的方案，或在会上用5分钟向大家阐明自己的思路。一些大学院校也采用了类似的方式，比如让学生们轮流在早自习时间进行10分钟的演讲，或在课堂上给每人1分钟的时间，就某一问题阐明自己的观点。

对于一些知名人士和大型企业的管理者来说，他们的时间非常宝贵，没有时间去听每一个人详细向他们汇报各种方案，所以对于他们来说，30秒的测验仍然是最佳的方式。一位好莱坞资深制片人就对所有向他推荐剧本的人定了30秒的时限，在规定时限内，对方的谈话中如果没有他感兴趣的内容，他绝对不会继续听下去，而如果对方的谈话中有一点令他感兴趣，他就会给对方一个机会进行详谈。

在日常生活中，我们也可以用类似电梯测验的方式锻炼自己的逻辑思维能力以及表达能力，比如在看新闻的时候对新闻进行分析和概括，提取出最精练的摘要，然后转述给其他人，看对方是否能通过自己的转述明白新闻要表达的主要意思。在进行多次训练之后，我们的逻辑思维能力必然会有一定程度的提高。

4. 比喻语言是间接使用逻辑思维的延伸

逻辑思维能力的延伸可分为纵向延伸和横向延伸。纵向延伸又称直线延伸，这种延伸的优点在于能使人养成泾渭分明的习惯，缺点在于容易形成一种定向思维，过分追求完美，排斥所有干扰，并且性情会有些格格不入。横向延伸的优点在于能够打破局限，从创新的角度思考问题，解决问题，缺点在于容易形成发散思维，令人不自觉地将多种逻辑交织在一起，最后出现逻辑混乱的情况。

逻辑思维的延伸可以多种形式表现出来，直线延伸的表现形式多为行为刻板，小心谨慎；横向延伸的表现形式反应灵活，话题转换快，善用比喻语言也是其中的一种。

比喻是认知的一种基本方式，也是一种常见的修辞手法，它可以将两种有相似点但性质不同的事物联系在一起。比喻又叫打比方，依据描写或说明的方式，可分为明喻、暗喻、类喻、借喻等。

逻辑思维偏向于纵向延伸的人很难理解为什么逻辑思维偏向横向延伸的人能够将两种完全不同的事物相提并论。对于偏向纵向延伸的人来说，一就是一，二就是二，无论他们的相似度有多高，都是完全不同的两个事物。他们的世界里只有两种颜色，除了黑就是白。对于偏向横向延伸的人来说，世界上很多事物之间都有一定的联系，几乎没有哪个事物是完全独特的存在。他们的世界里除了黑和白，还有偏黑一些的白，以及偏白一些的黑。

比喻语言的出现增加了人类语言的丰富性，却也带来了一个问题，由于本体和喻体其实是两种不同的事物。虽然我们可以说本体很像喻体，但本体毕竟不是喻体，喻体所有的特质本体不一定全都有，喻体所适合的场合本体也不一定适合。麦肯锡指出，运用比喻语言时，语言中所要表达的真实意思有时会被掩盖，其逻辑关系也容易被干扰。

西方人比东方人更擅长以逻辑思维思考问题，这或许与文化差异有关。在中国有一种传统，叫“点到为止”，起初用于比武场合，后来人们将这视为一种礼貌的表现，在与人谈话时也习惯点到为止，特别是向他人提出不同的意见时。渐渐地，语言的发展让人们发现了另一种相对委婉，又能表达自己观点的语言，这种语言就是比喻语言。

按照麦肯锡的理念，逻辑思维的表达是直接的，而比喻语言则是从逻辑思维中延伸出的一种表达方式，它的表达不够直接，有时还会令人们对本体产生误会。在如今的生活中，最能反映这一现象的就是市面上出现的各种各样所谓的“心灵鸡汤”。

心灵鸡汤最早起源于美国，是由一位名叫杰克·坎菲尔德的美国人所作的一系列能够激发人们志气的小故事。杰克收集了大约100个曾在历史上发生过的真实的励志故事，并以新的视角去对每个故事进行了讲解。在出版了几本心灵鸡汤后，杰克的故事资源出现短缺，于是他召集了一群编辑为他收集和整理故事，虽然编辑们都保证所讲的故事是真实的，但至于这些故事是否真的属实，他也无法确定。

心灵鸡汤进入中国后，一些人从中发现了商机，于是纷纷效仿出书。书中的故事五花八门，读起来确实能够让人感到振奋，然而仔细推敲，就会发现有很多故事并不符合逻辑，特别是那些使用比喻语言进行描述的故事。

很多故事中强调只要足够努力就一定能够成功，例如羽翼未丰的小鸟经过无数次的尝试终于学会了飞翔，所以职场中的新人只要不断勇敢尝试就一定能够成功。按照麦肯锡的逻辑去思考，职场新人确实需要不断勇敢尝试，但是具体能否成功，还要看新人的天赋、为自己设定的目标、努力的方向是否符合目标需要等。

在学习做好一件事的道路上，职场新人与羽翼未丰的小鸟确实有相似之处，但职场新人毕竟不是小鸟。小鸟能飞是因为它本身具备飞翔的条件，并且受到了本能的驱使，不需要考虑过多的因素，只要单一地挥动翅膀即可。职场新人在工作中却没有这种本能驱使，想要成功，首先要确定自己的目标，让自己具备实现该目标所需的基本能力，之后才有资格去进行尝试。

比喻语言中并非完全没有逻辑可言，只是在这些逻辑中，前提和结论的关联性没有那么强烈。比如汤姆说麦克是一块木头，那么汤姆的意思并不是说麦克长得像块木头，而是麦克身上有木头的特征——不开窍，死板，反应不灵敏。虽然这两者在逻辑上没有很强的关联性，但由于大多数人都能明白木头的含义，因此不至于对这一论证产生歧义。

语言的间接使用除了比喻，还有其他的形式，比如用问句来表达请求、声明等意图。当一个人对另一个人说“你可以把门关一下吗”时，他的真实意思并不是询问对方的意见，而是希望对方直接做出行为上的回应。当一个人对另一个人说“难道你不因为你做过的事而感到惭愧吗”时，真实的意思也并不是让对方仔细思考是否应该感到惭愧，而是直接发出声明和责备。

麦肯锡发现，虽然这种间接使用表达的内容相对委婉，但在讲话者和听者双方对背景达成共识时，其中的逻辑并不受到影响，并且能够完整地传达。即使听者不认可讲话者的逻辑，也能明白讲话者想要表达的意思。但是，当两人不处于相同的逻辑领域时，听者和说者之间就会产生误会，进而激化矛盾。

汉斯是一位酒吧歌手，一次，他在好友文森的生日宴会中认识了巴特。巴特是一名大学教授，虽然与朋友讲话时风趣幽默，但性格比较保守，不喜欢娱乐场所，也不喜欢狂欢。汉斯在宴会中听到巴特与文森聊天，认为巴特是一个有趣的人，于是主动上前与巴特攀谈，告诉巴特他是文森非常要好的朋友。巴特并不喜欢汉斯表现出来的痞气，但出于礼貌，他还是客气地与汉斯聊了几句。

汉斯热情地邀请巴特参加自己几天后在酒吧的一场演出，并强调会有很多“有趣”的环节。巴特从汉斯的表情和语气中感觉到这样的场合他不喜欢，婉言拒绝，然而汉斯却没有明白他的意思，以为他只是客气，便一再邀请。最后，巴特对汉斯的纠缠有些厌烦了，带着怒气告诉汉斯自己最讨厌这样的场合，也最讨厌汉斯这样的人，两人不欢而散。

用麦肯锡的思维去分析，造成这样的结果原因有以下几点。

（1）汉斯和巴特对于“有趣”的理解不同。

在汉斯的逻辑中，“有趣”指的是热闹和狂欢，能够释放激情，谈吐风趣幽默。在巴特的逻辑中，“有趣”指的是学识上的渊博，思想有深度，能够在精神领域进行交流。汉斯认为“有趣”的人就应该喜欢“有趣”的事，但他没有考虑到自己逻辑上的“有趣”并不是别人逻辑上的“有趣”。

（2）汉斯和巴特对于“朋友”的定义不同。

在汉斯的逻辑中，朋友的朋友就是自己的朋友。在巴特的逻辑中，朋友的朋友只算得上是相识的人，与能不能成为自己的朋友没有必然联系。

（3）汉斯和巴特在表达方式上有所不同，对于相同表达方式的理解也不同。

在汉斯的逻辑中，当对方的拒绝很委婉，语气平缓而客气时，不是自己讲得不够吸引人，就是邀请的程度不够。在巴特的逻辑中，自己已经婉言拒绝，对方就应该能够明白他不喜欢这样的场合。

上述三点中，前两点是关于个人的逻辑思维，第三点则是关于逻辑的间接表达。麦肯锡建议，当两个人在逻辑思维方面达不成共识时，最好的办法是直截了当地将自己的意思表达出来，这样才能避免误会的产生。

第三章

如何掌握问题

问题无处不在，有些问题显而易见，有些问题则隐藏得很深，需要追根究底才能发现其本质。只有对问题进行仔细的研究，才能准确地掌握问题的本质，进而研究出切实可行的方案，最后解决问题。解决问题的方法有很多种，需要具体情况具体分析，最后选出最适当的方案。此外，列举并检测此课题的各式代替方案，评价各种代替方案，以及实施解决策略都是处理问题的有效方式。

1. 问题的本质就是与现实的不匹配

何为问题？麦肯锡认为，问题之所以被称为问题，是因为它不符合事情发展的正常规律，对事情发展起着阻碍的作用。所以，问题的本质就是与现实的不匹配。比如汽车在行驶过程中遇到的爆胎、发动机过热、刹车失灵、油量不足等影响汽车正常行驶的情况都叫问题，驾驶员在驾驶途中操作失误也叫问题。

问题的产生都是有缘故的，这些缘故就是问题的原因，也就是问题产生的本质。爆胎的原因可能是车胎气压过高或不足，轮胎漏气，轮胎磨损过重，但这些都只是表面的原因，真正的原因则是车主对车胎保养不当，没有注意随时检查。驾驶员操作失误的表面原因可能是一时失神，但真正导致他失神的原因，则可能是过于疲惫，开车前喝过酒，患了感冒或者是身边有人干扰等。

麦肯锡指出，有的时候，客户不敢直面他们的问题，或不清楚真正的问题在哪里，于是将一些表面现象当成原因，这些表面现象就相当于上述例子中的车胎气压过高，轮胎磨损过重，驾驶员失神等。这些原因有时会令咨询人员感到庆幸，因为如果客户能够主动说出原因，他们就可以省去许多分析和调查的麻烦。然而，麦肯锡却提醒每一位咨询人员，一定要抵得住这种表面原因的诱惑，多提一些问题，多搜集一些证据，以对这些问题表面的原因进行深入的研究和分析，最后找到真正的原因。

这原理其实就像医生为病人诊断时，不能单凭病人的描述就判断病人得了什么病，而是要让他们进行全面详细的检查，根据检查的结果来判断他们得的究竟是什么病一样。当病人去医院，对医生说自己头痛时，只要医生足够负责任，便不会什么都不问，直接给病人开一些管头痛的药，或是止痛药，而是会多询问病人一些问题，确定头痛的频率和程度，以及是否有其他的症状等。有时，医生还会建议病人进行脑部CT，或是磁共振，以确定脑部是否有病变。

如果医生不加细诊和检查就给病人开药，后果很可能相当严重。比如头痛，虽然看起来是件小事，但若是因为脑部病变而产生的头痛，不及时发现和治疗，就极可能错过最佳时间，使病情恶化，甚至导致病人死亡。再比如说胃痛，如果是因为溃疡而导致的胃痛，却一味服用止痛药的话，不但无法真正治愈，严重时还会导致胃穿孔和胃出血。从这一方面看，咨询师与医生的工作性质极其类似。咨询师若是只看表面原因，可能就会导致客户公司出现损失甚至破产。

如何发现问题的本质究竟是什么？麦肯锡建议咨询师们，在暂时无法清晰认识到问题的本质时，可以建立可行性的假设，通过证实或证伪这个假设来进行具体分析，好的假设可以起到指示灯的作用，为咨询师们节省大量的时间。

麦肯锡公司成立数十年，早已积累了大量成功的案例和经验，并对许多行业的特征及其常见问题都有比较深入的了解，这些案例和经验都是咨询师们可以借鉴的资料。当一位新客户向咨询师说明了自己现在所遇到的问题，并介绍了自己公司的情况后，咨询师就可以根据成功案例的模式，以客户的问题和资料为基础，进行一个初始假设，然后将自己的假设与团队中其他成员进行讨论，找到可能的答案。

对于初次接触到的问题，人们总是难以一下子就准确地找到突破口，而是需要进行详细的前期准备。麦肯锡建议，永远不要放弃学习，因为学习是了解新知识的最佳途径。如果客户所提出的问题属于一个咨询师未曾接触过，并且公司也不曾处理过的新领域，那么咨询师的任务就比较重了。首先，他需要大量阅读近年来的新闻和年度报告，先对这一领域有一个初步的了解，然后对相关的资料进行研究，最后才能进行假设。

在进行假设时，麦肯锡提醒我们，一定要根据已有的资料进行假设，如果一个假设看似合情合理，却并不适用于问题本身，那么这个假设在处理这一问题的过程中就不会起到任何有效作用，只会浪费时间和人力。假设的最终目的是发现问题的本质，而不是锻炼自己的思维能力。如果想用假设去锻炼自己对事情的判断力，可以在日常生活中进行锻炼，而不要用在具体的问题处理上。

与现实不匹配的情况可能发生在生活中任何方面，所以问题的产生也是随时随地的。麦肯锡在多年的咨询工作中发现，很多时候，在同一个环境中，不同的人存在着不同的问题，这些问题的本质与人有关，所以在分析问题时，不能以环境为参考标准，而是要以人的特点为参考标准。

身处同样职位的两名职员，因为各自的资质不同，在工作中的表现也不同。或许其中一位职员在工作技能方面十分优秀，却不擅长人际交往，做任何事只能单打独斗，难以得到他人的支持；另一位职员虽然工作技能不如其他同事，却很容易与其他同事相处融洽，得到同事们的支持。对于这两位职员来说，他们在工作中都可能遇到问题，虽然问题的表现内容可能相同，但是问题的本质却是相反的。他们所面对的问题，在对方眼中，恰好是最不成问题的事情。这就说明，环境并不是决定问题本质的绝对因素。

对于工作技能出色，却不擅长人际交往的人来说，他可能意识得到管理者不愿意重用他的原因是他得不到其他人的支持，却意识不到其他同事不支持他的根本原因。用麦肯锡思维进行分析后，他才发现问题出在自己与人交谈时用词不当，语气不佳，并且平时对其他人的态度过于清高，以至于其他的同事不愿与他共事。

对于人际关系融洽，工作技能却不如他人的人来说，他可能会认为管理者不愿意重用他的原因是对他有偏见，却意识不到自己能力不足以担任负责人的事实。用麦肯锡思维进行分析后，他才发现自己每次的任务能够顺利完成只是因为有同事肯帮他，但凭他自己的能力是不可能完成任务的。

在麦肯锡看来，只要这两位职员能够意识到各自问题的本质，在本质上进行改善，他们目前遇到的问题就能得到很好的解决。比如前者只要多改变自己对人的态度，放下自己的高傲，以诚心待人，多关心一下身边的同事，同事们对他的印象就会改善。后者只要多充实自己的头脑，锻炼自己的工作技能，不要将心思都放在人际关系上，个人的工作能力也一定会有所提高。由此可见，问题不会永远存在，而是可以被解决的。

虽然环境不是决定问题本质的绝对因素，但麦肯锡提醒我们，环境和时间等外在因素也会对问题的本质产生一定的影响。比如对一名大四的学生来说，如何取得好成绩，考入心仪学校的研究生是一个大问题，若是他成功考取了研究生，那么他会因问题得以解决而不再受到困扰；但若是他考试失败，之后放弃了考研而直接工作，那么他同样不会再受到这一问题的困扰，原因却是所处的环境变了。

再举个常见的例子。生活中，人们总是劝身边的人适应环境，但对于一位有着社交障碍的人来说，他即使十分努力，却也很难适应身边的环境，若是让他勉强自己像其他人一样，与人交际应酬，这种不匹配不但他本人会感到痛苦，效果也不会很好。但若是他选择了一份不需要与外界过多接触便可以维持生活的工作，只要做好本职工作就可以顺利生活下去，那么不匹配的问题就得到了解决。

由此可见，虽然问题的本质是与现实不匹配，但这种不匹配是可以改变的，我们可以通过改变人去匹配环境，也可以通过改变环境去匹配人。问题不会永远是问题，与现实的不匹配也不一定会一直保持下去。关键是看我们是否能够发现这种不匹配的本质，以及是否能够根据不同的本质对症下药，将这些不匹配一一解决。

2. 识别问题的类型是我们掌握问题的关键

我们已经知道，问题的本质在于与现实的不匹配。麦肯锡经过总结，认为问题与现实的不匹配主要有以下三种表现方式。

其一为恢复原状型问题。这种问题的出现是因为事情的某些环节发生了问题，进而导致整件事情都发生了问题。麦肯锡指出，此类问题的解决方法为，只要将有问题的环节恢复原状，那么整个问题就都能得以解决。这就好比一位病人因得了肺炎而发热，一旦肺部的炎症消了，热也就会随着退了。

在企业中，决策上的问题一般产生于经营者的判断失误，但若是运营过程中的问题，则一般产生于某一个或几个部门，比如采购部下错了订单，导致企业购入了一批完全无用的物资，白白损失大量资金；财务部算错了账，导致企业在进行报销时多报了钱款；又或是后勤部门没有及时对库存进行清点，导致企业在急需大量提用某些备品时，库存无法满足企业需求。

麦肯锡提出，对于恢复原状型问题，解决问题的核心在于“掌握状况”，对发生的状况有一个清晰明确的认识。在上文所举的一系列例子中，“企业购入了一批完全无用的物资”，“报销时多报了钱款”和“库存无法满足企业需求”都是状况。明确状况后，要进行应急处理，防止状况恶化，比如暂停犯错员工的工作，令其先冷静下来，避免因为急于补救思考不清而继续犯错。

之后，我们需要对产生这些状况的原因进行分析，当知道其原因为“采购部下错了订单”，“财务部算错了账”和“后勤部门没有及时对库存进行清点”后，我们应采取应对措施，将购错的物资退货，将多报的钱款追回和命后勤立刻补齐需要的备品，使状况复原。最后，我们还需要对问题进行反思，总结经验，以免再出现同样的问题。

其二为预防隐患型问题。这种问题虽然暂时没有大碍，可若是放任不管，将来必然会造成严重后果。麦肯锡指出，此类问题的解决方法为，在事态还没有严重时将隐患解除，以避免隐患越来越严重，最后引发不可挽回的灾难。比如在烧制一批陶瓷花瓶之前，发现这一批花瓶中有一部分上面有裂缝，那么这些有裂缝的花瓶就不应该马上进行烧制，而是应该返工进行修补，否则即使烧制完成，也只会成为次品，不但影响销售，还浪费成本。

在企业中，隐患可藏于各处。大到企业决策中的风险隐患，小到企业大楼中的安全隐患。隐患之所以被称为隐患，说明它们的存在常常很隐蔽，难以被人们发现，这就要求各方面的负责人提高警惕，时刻留意企业的丝毫异常，哪怕只是很小的一点，也不能掉以轻心。

麦肯锡指出，想要解决隐患型问题，其核心在于“诱因分析”和“预防策略”。虽然在解决第一种类型的问题时，我们也会涉及“预防”，但前者的预防是在问题发生后，避免相同的问题再次发生；后者的预防则是在问题发生前，预测该问题会出现并提前进行预防。

具体分析前，我们需要根据现有的情况假设出一个可能出现的问题，这个问题可能是人力、物力或财力上的损失，也可能是事情发展的一种不良状态。之后，我们需要对可能引发这些问题的条件即诱因进行分析。分析清楚后，我们才能制定相应的预防策略。此外，我们还要多考虑一步，如果预防策略失败，问题真的发生，我们应该如何应对。

例如策划部门主管发现一名员工经常在开过方案讨论会后躲进楼梯间打电话，神情闪烁。按照麦肯锡的逻辑思维，假设这位员工是在与企业的竞争对手通话，那么他就极有可能是在向竞争对手泄露企业内部方案。企业在任何方面的方案计划都属于商业机密，一旦被人外泄，就很有可能给企业带来重大损失。若真的如此，主管就需要对该员工多加留意，关注他工作时的态度，平时是否有其他反常行为，必要时可以予以试探。一旦发现此人确实有此意，必须严惩不贷，不给他留任何机会。

其三为追求理想型问题。这种问题表现为期望与现实之间有落差，换种角度去看，其实算不上问题，因为即使对它放任不管，也不会产生不良状态。比如一家企业预计年利润为10亿元，而实际的年利润为8亿元。虽然企业产生了很高的利润，但是由于利润没有达到预期值，产生了落差，因此仍然算得上是一个问题。

麦肯锡指出，想要解决此类型问题，其核心在于“选定理想”和“实施策略”。无论个人或是企业，在追求理想之前，要先确定自己的强项和弱项各在哪里，切记不能盲目把别人的成就定为自己的目标。只有正视了自己的强项和弱项，才能为自己制定出合理可行的目标，并且朝着这个目标，努力实现预期值。

企业中追求理想而产生的问题十分常见。理想与现实之间本就存在差距，何况对于许多中小型企业而言，发展的过程中总会遇到各种各样的阻碍，影响企业原本的计划，进而导致企业无法实现预期目标。当企业中出现这种追求理想型问题时，麦肯锡建议，身为企业的经营者和管理者，必须端正态度，意识到这一问题产生的根本原因，而不是盲目责备基层员工。企业的态度会影响员工工作的积极性，不弄清根本原因，不承认企业发展过程中的局限性，盲目要求员工必须实现预期目标是行不通的。

麦肯锡为每一类型的问题都提出了切实可行的解决方法，但同时也希望人们可以意识到，在许多情况下，出现的问题并不仅仅属于一个类型，而是综合了两个甚至三个类型的问题。以上面提到的因肺炎而发热的病人为例，虽然消除肺部炎症便可以退热，但是病人经过一场大病后，身体素质会有所下降，为了避免肺病复发，他会向医生询问一些预防肺病的方法，于是问题便从恢复原状型问题转为预防隐患型问题。如果病人再向医生询问一些关于提高身体素质的内容，那么问题又从预防隐患型问题转为了追求理想型问题。

一家生产手机的企业在年初制订了一个计划，到年底时，年销售总额一定要比上一年翻一倍。为了实现这一计划，企划部的人员策划了多项宣传活动，并制定了一系列的促销活动。销售部的人员也拜访了许多客户，努力进行销售，随着市场需求量的增加，这家企业的手机开始出现供不应求的情况。

这家企业的规模并不是很大，虽然拥有自己的工厂，但厂里的工人有限，设备也有限，无法在短时间内提高产量。于是工厂负责人决定，将一些简单零件的生产外包给一些小工厂，再从小工厂将零件取回，由自己的工人进行加工。然而就在新一期抢购活动推出后不久，其中一家外包的小工厂因经营不善而倒闭，工人纷纷离开，延误了工期。本该月底完成的零件生产也没有完成，严重影响了整体生产进度。参加了此次抢购活动的顾客因为付过订金后迟迟拿不到手机，纷纷表示不满，一些顾客已提出退款要求。

在这一案例中，企业面临的主要问题有以下几个。

（1）外包工厂倒闭，失去生产力，影响整体生产进度。

（2）如果顾客们的不满得不到解决，可能影响企业声誉，也会影响之后的各种促销活动。

（3）手机的销量受到影响，导致企业无法实现预期目标。

按照麦肯锡的逻辑思维，这三个问题分别属于三种类型。第一个问题属于恢复原状型问题，生产进度的延迟可以通过寻找新的合作工厂来解决。第二个问题属于预防隐患型问题，作为销售和公关部门，需要想出有效的安抚顾客的办法。第三个问题属于追求理想型问题，想要达到预期目标，眼前的计划已不够，还需要从其他方面入手。

在识别问题类型时，我们只要稍不留神，就有可能受到一些外在干扰的影响，并被这些干扰误导，做出错误的判断。所以麦肯锡提醒我们，在识别问题类型时，我们必须全神贯注，摒弃头脑中的杂念，将注意力集中在真正的问题上。这样才能识别出问题的真正类型，找到有效的处理方法。

3. 掌握问题必须重视各个问题之间的相关性

在哲学范畴中，事物或现象之间以及事物内部要素之间存在相互联结、相互依赖、相互影响、相互作用、相互转化等相互关系，这种关系被称为普遍联系。世上没有完全独立存在的事物和现象，所以每一件事情的发生既可能缘于另一件事情的发生，也可以引发其他事情的发生。

问题的存在也不是单独的，很多时候，我们眼中所注意到的问题背后，还隐藏着更多的问题。从哲学的角度去看问题，世界是相互联系的统一的整体，任何的事物都有其内在结构。问题也属于世界中的事物，所以问题也有其内在结构，不同的问题之间会根据其不同的内在结构而产生不同的联系。

世界上的联系可分为五种：内部联系与外部联系，直接联系与间接联系，偶然联系与必然联系，主要联系与次要联系，以及本质联系与非本质联系。运用麦肯锡思维将问题之间的关系分类：从横向看，问题之间的联系包括直接联系与间接联系，偶然联系与必然联系，主要联系与次要联系；从纵向看，问题之间可以分为内部联系与外部联系，因为问题的内部也是问题的本质，所以内部联系与外部联系也等于是本质联系与非本质联系。

麦肯锡提醒我们，由于问题既有表面的又有本质的，因此在对表面性问题进行分析时要注意，我们看到的两个问题很可能不是真正的问题，彼此之间的关联也不见得准确，这就是直接联系和间接联系的区别。

一对情侣因为看什么电影发生了争执，最后吵了起来，从表面上看，他们是因为想看的电影不同而争执，但极有可能在此之前，他们之间就有一些矛盾，看电影只是一个导火索，并不是真正的炸药。如果真是因为之前有矛盾，那么这场争吵就不会因为其中一人退让，去看另一人喜欢的电影而解决。电影与吵架之间就是间接联系。

如果两人只是单纯因为电影而争执，那么不需要别人劝说，他们最后也会找到一个解决的方法自动平息争吵，并且开开心心地去看电影。

这种情况下，电影与吵架就是直接联系。

一天晚上，玛莎一边走路一边喝汽水，快到家时，她喝光了汽水，随手把汽水罐扔在了路边。第二天早上，玛莎出门时，因为走得急，没有留神脚下，一不小心踩在昨天自己扔的汽水罐上，摔倒并崴了脚。在这个故事中，玛莎踩到汽水罐是她摔倒的直接原因，而玛莎乱扔汽水罐是她摔倒的间接原因。那么这其中是否还有其他类型的问题联系呢？

按照麦肯锡的思维去分析，玛莎乱扔汽水罐是她踩到汽水罐的原因，但这一原因却具有偶然性，如果她第二天走路时留意脚下，就不会踩到汽水罐，所以这两个问题之间存在偶然联系。另外，玛莎摔倒和崴脚之间也没有必然的联系，她有可能只是摔倒却没有崴到脚，所以这两个问题之间也是偶然联系。但是踩到汽水罐摔倒这件事却是必然的，所以这两个问题之间是必然联系。从主要联系和次要联系的角度去分析上面的事情，就摔倒这件事而言，走得太急，没有留意脚下是主要联系，其他的都是次要联系。

接下来我们看一下本质联系和非本质联系。本质联系指的是两个问题从本质上发生联系，比如财务部的莉莉和人力资源部的杰瑞因为共同挪用公款受到了处分，从表面上看，两个人分属不同部门，挪用公款一事不应与杰瑞有关。然而主管在调查时发现，莉莉和杰瑞其实是一对情侣，两人准备结婚，但是没有钱付房子的首付，于是想出了暂时挪用公款，之后再趁人不注意的时候补回去的办法，所以他们二人犯下的错误之间有着本质联系。如果他们二人没有特别的关系，并且是分别为了自己的目的挪用了公款，那么他们二人所犯下的错误之间就是非本质联系。

当许多问题同时存在时，麦肯锡建议人们一定要重视各种问题之间的相关性。有些问题之间存在相关性，有些问题之间不存在相关性。对于存在相关性的那些问题，我们可以将它们作为一个整体去研究策略，去解决。对于不存在相关性的那些问题，我们可以将它们分门别类，这样可以大大节省时间，提高解决问题的效率。

一家印刷厂的厂长一直抱怨自己厂子里的生产速度太慢，效率太低，并多次开会，命令工人们加快速度，提高效率。然而无论经理如何催促，生产速度仍然没有提上来。厂长感到很气愤也很无奈，于是强迫工人和职员们加班赶工，结果仍然不理想。厂长没有办法，只好请了一位曾接受过麦肯锡指导过的朋友帮他想办法。

厂长的朋友依照麦肯锡的方式对工厂内部进行了调查和分析，发现工厂中存在许多问题，而主要的问题有以下两点。

（1）厂内各部门的设备过于老化。电脑配置过低，运行速度过慢，导致软件运行不畅。正常情况下一分钟可以导出的打印文件，在这些电脑上需要多花费一倍的时间才能成功导出。同时，低配置的电脑令职员们在制图、排版的过程中需要不断等待，制作过程的时间自然增加。此外，负责印刷的机器中，有几台也因为过于老旧，时常出现问题。每次出现问题，工人们都需要走正常流程，申请维修，等待批复，等待维修，维修后调试。从机器发生故障到可以继续使用需要至少一天的时间。每当有机器发生故障时，生产效率都会大大下降。

职员们在制图时，因为电脑反应速度慢，每制一幅图都要夹杂一些等待时间。起初，职员们还会因担心工作无法完成感到着急，但渐渐地，他们也就养成了习惯，在等待电脑处理文件的时间里闲聊，或是做些与工作无关的事情。时间久了，即使等待时间已过，电脑已经完成了处理，他们也会因为正在闲聊得开心而不能立刻意识到，这样无形之中也浪费了许多时间。

（2）工人和职员们的工资过低。工厂中的大多数的工人都是已在这里工作五六年的老员工，在这五六年中，物价一直在上涨，而他们的工资却只涨过一次，而且涨幅非常小。至于年终奖，则只发过三次，而且每次只有他们一个月的工资。这样的薪资待遇使工人们失去了工作热情，认为既然干多干少拿到的钱都一样，不如少干点。工资过低也导致了职员的流动性大，年轻的职员在工作一年后，发现在这里不但个人发展空间很小，工资待遇的提升空间也很小，便辞职了。年纪稍长一点的职员求的是一份收入稳定的工作，当工作多年，薪资待遇却满足不了生活需求时，他们也开始考虑换一份工作，工作热情度下降。

员工流动性大，对于印刷厂而言也是一种资源上的浪费。新员工入职之后，需要经过一段时间的培训才能正式上岗。新员工在培训期间无法为印刷厂创造效益，同时老员工一边工作，一边带新员工，工作效率也受到了一定的影响。

由此可见，工人和职员的工作效率下降有两个共同原因，一是设备的老化，二是薪资待遇过低。只要解决这两个问题，那么无论负责印刷的工人还是负责排版制作的职员，工作效率都会有所提升。厂长的朋友依照麦肯锡的原则给厂长提出了解决方案，首先，给职员们的电脑进行升级，提升电脑配置，加快电脑运行速度，同时更换厂内过老过旧、时常出现问题的设备。其次，适当提高工人和职员们的薪资待遇，保证年终奖的发放，以增加他们的工作热情。

厂长接受了朋友的建议，淘汰了厂内所有运行不良的电脑和设备，提升了工人和职员们的待遇，并制定了多劳多得的奖励制度。虽然这一次改革花费了大量资金，但由于设备运行速度加快，而且员工的积极性大大提高，印刷厂的生产效率也大大提高，利润也增长了许多。

在上述案例中，印刷厂的生产效率与员工们的工作效率有关联，也与印刷厂的硬件有关联，不同职位员工之间的工作效率也有关联。厂长的朋友正是运用麦肯锡的思维发现了这些关系，最后才找到了最简便的方法，一举多得，做最少的工，却解决最多的问题。

4. 20/80原则作为划分问题的解决顺序的有效手段

20/80原则，也叫80/20法则、二八定律、帕累托定律等。这一法则的提出者是当今世上著名的质量管理大师约瑟夫·朱兰，然而这一法则的基础，则是社会系统的代表人物维尔弗雷多·帕累托针对意大利20%的人口拥有80%的财产的观察而推论出来的。其主要内容为：80%的价值是来自20%的因子，其余的20%的价值则来自80%的因子。

根据20/80原则的内容，我们可以发现，这其实是一种不平衡关系。20/80原则可应用于生活中的各种领域，比如在社会中，20%的人口拥有80%的财富；在企业管理中，20%的员工创造了80%的价值；在销售管理中，80%的收入来自20%的商品，80%的利润来自20%的顾客等。这些原则都得到了人们的广泛认同，并令人们意识到，在处理问题时，只要将关键的20%处理妥当，那么剩下的80%也就可以随之得到解决，这样一来，就可以用最少的精力去解决最多的问题。所以，人们也将其称为“省力法则”。

麦肯锡认为，20/80原则对于企业的运营和成长都有着重要意义。它既可以应用于企业管理，也可以应用于人力资源管理，还可以应用于营销学。对于个人而言，这一原则可以帮助人们进行更好的人生规划。

以生活中最常见的一件事情为例。每个人在进行未来规划时，往往会列出许多要达成的目标，以及要如何去做。然而在这些需要达成的目标中，有20%是真正适合自己去做，与自身能力相符的，其余的80%只是由于各种外在影响才想要做的。根据20/80原则，与其费力试图在那80%自己不擅长的，并且不适合自己的事情中取得成就，不如将精力集中在自己擅长的，适合自己的20%上。这样更容易取得成功。

现在的年轻人自小注意特长培养和个性的发展，所以很多人都拥有不止一项的特长，既能文，又能武，既会实干，又有口才。在过去，人们总是说技多不压身，然而，现如今，越是多才多艺的人越难以给自己进行一个准确的定位，因为他们擅长的事情太多了，所以当他们面临选择时，就会产生犹豫和两难，分不清自己究竟应该朝着哪一方面发展。

麦肯锡建议，如今的年轻人在进行未来规划时，可以先将自己的优势列出来，然后进行比较，选出自己最喜欢、最擅长、最容易做好的。如果一个人对数字有着惊人的敏感度，从小擅长记数和运算，那么最适合他的道路就应当是与数字有关的。即使他平日也喜欢唱歌跳舞，但若是他从事演唱事业，所付出的努力一定会比他做一名精算师或经济学家要多得多。

还有一些时候，人们虽然做好了对未来的规划，从事了自己最擅长、最适合的工作，然而因为工作中需要处理的事情太多，琐碎的事情更多，在工作时，人们也会常常忙得晕头转向，陷入混乱之中。对于这样的情况，麦肯锡给出的建议同样是，运用20/80原则对自己的工作内容进行判断，当事情多得无法全部处理完善时，优先选择那些做起来效率更高，更容易取得显著成效的事，暂时放下那些效率不高，也不容易取得显著成效的事。

一位部门经理工作多年，一直非常尽职尽责，凡事都要亲自过问，即使已经安排给下属，他也不会因此放松，而是时时查看下属的工作进度和成效。所以他每天都非常忙碌，虽然每天都加班，还是时常担心手中的工作会做不完。在他的妻子住院待产期间，总经理十分体谅他，允许他每天多抽出一些时间去医院陪伴妻子，同时将他的部分工作分给了其他人。然而他手中有一个项目，从开始就一直是他负责跟进和接洽，无法转给他人，所以他每天仍有许多工作要处理。

在这段时间里，虽然工作时间减少了，但是这位部门经理却惊奇地发现，他的工作效率比以前提高了许多。终于，他意识到是因为这段时间里，除了照顾妻子外，他将有限的时间全部用于项目的跟进上，没有再去干涉下属如何处理一些日常琐事，也没有将精力放在其他的地方。正是因为那些分散他精力却又不重要的80%不在了，他才能够更投入在那重要的20%中，将这20%做得更好。

在麦肯锡眼中，掌控最重要的少数因素是掌控全局的关键。麦肯锡将这一原理视为制胜的法宝，传授给许多向他们进行咨询的人，使那些人受益匪浅。同时，在麦肯锡的内部，所有人也都谨遵这一原理，尽管他们的工作非常多，有时多到即使多花两倍的时间也同样忙不完，但是一旦他们发现加班时的工作效率有所下降，即使继续加班也不可能完成眼前的工作时，他们就会选择回家休息。因为工作是永远做不完的，与其花费大量时间在没有效率的工作上，还不如回家休息，养精蓄锐，第二天再以更好的精神状态投入工作中。

对于企业来说，20/80原则的应用可表现的作用就更加广泛。首先，既然已知重要的利润来自于少数的重要优势，那么作为企业经营者，就需要首先了解企业的优势在哪里。时代的发展让每个行业领域都充斥着无数的竞争对手，各种各样的新企业层出不穷，有些以创新为竞争力，有些以创业资金为竞争力，有些以人脉为竞争力。麦肯锡指出，想要在他们中间站稳脚跟，并创出名声，弄清自己的企业在哪些方面有优势非常重要。

每当有顾客向麦肯锡咨询如何提高企业效益时，麦肯锡的咨询师都会反问他们，是否知道自己企业的利润主要来自哪里。如果他们连这个问题都回答不上来，那么麦肯锡的咨询师是不会直接给他们建议的。

按照20/80原则，令企业亏损最大的必然也是那20%的重要亏损项目。当弄清楚自己的企业主要盈利点在哪里，主要亏损点在哪里后，企业才可以根据这些结果，制定出有利于自己企业成长和发展的专属策略。对于那些耗费了大量人力、物力和财力，却始终不见成效，反而使企业出现严重亏损的项目，企业应适当停止项目的运行。对于支出严重超出收入的部门，可以适当精简人员，留下精英，减少平庸之人。

一家餐厅一直以“平等对待所有客户”为宗旨，无论对待高消费的

VIP顾客，还是对待只点几样家常小菜的普通顾客，态度都是同样热情，菜品质量也是同样好。然而经营了一段时间后，经理发现虽然每天都有很多人光顾，但营业额始终无法提高，有时还出现赤字的倾向。经理请教了麦肯锡的咨询人员后，回到店中，仔细审核了餐厅的日常开销，终于发现了问题。

餐厅为了始终提供高品质的服务，所有食材选取的都是最好的，并且十分注重日常店里环境的维护，以至于在这些方面支出了大笔开销。然而虽然每天都有许多顾客光临，但真正能够为餐厅带来高利润的却是只占总人数20%的VIP顾客，其他80%的普通顾客在餐厅里的消费只能勉强平衡成本的支出。同时，由于普通顾客用餐时间过久，导致一些VIP顾客来店用餐时找不到位置，只好离开，也降低了餐厅的利润。

意识到上述问题后，餐厅的经理决定改变经营策略，增设VIP用餐区域，减少普通顾客的用餐区域，并修改了菜单，减少部分菜品，将普通顾客可点的菜肴变成每日供应不同的菜品，这样便不用每天都大量准备所有食材。经营策略改变后，VIP顾客来店中用餐的次数增加，并介绍了许多朋友来此用餐，高雅的环境和优质的服务让这些顾客流连忘返，于是VIP顾客的数量也增加了，餐厅的营业额也随之提高了。

如今的市场早已不是原始社会那般，付出多少便能得到多少。市场的多样化使结果受到多方面因素的影响，任何一方面的因素都可能使人们长久以来的努力付诸流水。当目标客户已经从市场中渐渐消失时，如果坚持守旧，不肯改变经营模式，改变目标客户的定位，那么即使再努力，也无法取得理想的成效。当意识到主要盈利的模式和能够创造最大利润的客户群体时，就应该从这两方面入手，多下功夫，而不是将时间和精力浪费在不能创造利润的方面。这样才能从根本意义上有序地解决问题。

第四章

正确的逻辑思维才能引导正确的结果

在运用逻辑思维对事情进行思考和判断时，由于不同的人具有不同的逻辑思维，因此对事情的理解不同，得出的结论不同，决定的方式也不同。运用逻辑思维进行思考的过程是一种严谨的过程，有些时候，在各种各样的逻辑思维中，一定有一些是正确的，有一些是错误的。这就要求我们在运用逻辑思维时，要先确定自己的逻辑思维是否正确。若是逻辑思维不正确，那么所得到的结论也必然不正确。

1. 判断逻辑思维的正确性是引导正确结果的前提

麦肯锡认为，拥有正确的逻辑思维是引导出正确结果的必然条件。这就像病人只有做对了检查才能确诊病症，才能接受正确的治疗，最后得到康复一样。前文中我们提到过，理性接受度是判断逻辑思维正确与否的衡量尺度，那么我们接下来要研究的，便是如何让自己具有理性接受度，进而以此去判断逻辑思维的正确性。

理性接受度，顾名思义，是与人的理性有关。麦肯锡认为，对于一名理性思维较强的人来说，理性接受度较强，接受事实真相，进行正确判断和思考的能力也就较强。所以，想要拥有正确的逻辑思维，必须先提高自己的理性思维。

理性思维是一种建立在证据和逻辑推理基础上的思维方式，也就是说，它与逻辑推理有着相辅相成的关系。理性思维越强，逻辑推理能力越强，逻辑推理能力越强，理性思维也就越强。理性思维强的人在遇到事情时，脑中的思路清晰，能够根据强有力的依据对事情本身进行观察、比较和分析，而后综合所观察到的现象得出结论，并用抽象的语言将这一结论概括出来。

有一些人认为理性思维就是面对问题时，能够以冷静的思维去思考问题。这一观点也是不全面的。麦肯锡指出，虽然理性思维需要具有冷静的思考能力，但若是对原则了解得不够完全，或是在理解上出现了偏差，即使进行了冷静的思考，得出的结论也只是片面的，甚至是错误的。由于此时所遵循的逻辑是错误的，因此这样的思维并不能被称为理性思维。

理性思维的能力与遗传有关，比如一对父母都拥有极强的理性思维能力，那么他们的孩子也极有可能拥有极强的理性思维能力；而若是父母之中有一人患有遗传性的脑神经系统方面的疾病，那么他们的孩子也有很大的概率会因患上脑神经系统疾病而无法具有理性思维的能力。但是麦肯锡指出，虽然遗传会影响人们的理性思维能力，却不能直接决定一个人是否拥有强大的理性思维。理性思维不是天生的，具有理性思维能力的人需要接受后天的培养和培训，才能将这种能力发挥出来。

学习自然科学是养成理性思维能力的必要条件，然而在现实生活中，有些人只学会了一些科学理论，并且知道了一些科学知识，就认为自己具有了理性思维能力，将科学的理论结合自己的主观意识，认为那就是真理。造成这一现象的原因是他们只掌握了科学的理论，却没有深入了解和体会科学的方法和精神。所以，在学习自然科学时，只有深入了解科学的方法和精神，才能真正对理性思维能力的养成产生帮助。

如何培养理性思维能力？麦肯锡给出的建议是：首先要让自己拥有清晰的逻辑，其次要学会清晰地表达，最后要避开思维陷阱。

逻辑清晰很好理解，指的就是逻辑上的条理清晰，前提和结论之间有着明确的逻辑关系。比如：我们都是人类，人类的寿命是有限的，所以我们的寿命也是有限的。在这一论证中有两个前提，一是“我们都是人类”，二是“人类的寿命是有限的”，有一个结论，是“我们的寿命是有限的”。这两个前提和结论之间存在明确的逻辑关系，所以这个判断逻辑清晰。

按照麦肯锡的思维，要想让自己拥有清晰的逻辑，最好的办法是多问自己几个为什么。以上面的论证为例，当我们看到这样一个论证时，我们心里应该最先想到，论述者想要表达的观点是什么。当确定了论述者想要表达的观点为“我们的寿命是有限的”之后，再去研究他为什么要这么说。这时我们会发现论述者给出的理由为“我们都是人类”和“人类的寿命是有限的”。我们是不是人类呢？是的。那么人类的寿命是不是有限的呢？也是的。这两个理由都为真，并且其中有着密切的逻辑关系，所以这个结论也必然是正确的。

麦肯锡在经验中发现，逻辑不清晰的情况则有很多种，也许是表述者并不清楚自己要表达的重点在哪里，也许是表述者找不到正确的可以提供支持的理由，于是导致前提和结论之间没有严密的逻辑关系等。

再举一个例子，生活中经常有人提出“狗是人类的朋友，所以我们不应该吃狗肉”这一论证。在这一论证中，“不应该吃狗肉”是结论，“狗是人类的朋友”是前提。那么，狗是不是人类的朋友呢？也许对于大多数人来说，狗确实是人类的朋友，因为它们可以陪伴人类，帮助人类做很多事。但对于被狗咬伤过，或者一直怕狗的人来说，狗就算不上是他们的朋友，在这些人心中，这一前提不成立，结论也自然不成立。所以我们可以得出结论，这一论证的前提和结论没有必然的逻辑关系。这一结论只在部分人心中是正确的，在另一部分人心中却不是。

有了清晰的逻辑，还要学会清晰地表达。通常情况下，我们提到表达方式，最先想到的是用嘴去说，即语言上的表达方式。这是因为语言的表达方式更加直接，更加快捷，并且可以在表达的过程中看到对方的反应。所以生活中，人们都更喜欢用嘴去说，偶尔再加上一些肢体语言来强调自己的态度和情绪。

我们知道语言是逻辑思维在现实生活中的表象，语言的表达能力可以反映一个人的逻辑思维能力，但这也并不是绝对的。对于有些人来说，语言的表达是有些困难的，他们可以将自己的想法清晰、有条理地写在纸上，却很难将这些想法有条理地说出来。麦肯锡的咨询人员在工作中就遇到过这样的顾客，他们具有不错的逻辑思维能力，写出的材料让人一目了然，却不善于语言表达，说话十分缺乏逻辑性，每次与他们进行语言上的沟通，都很难快速提炼出他们话里的主要意思。即人们所说的“茶壶煮饺子，有话倒不出”。对于这些人来说，他们需要锻炼的不是逻辑思维能力，而是语言表达能力。毕竟在生活中，文字的表达不适用于所有场合，大多数时候还是需要运用语言与人进行交流。

还有一些人逻辑思维清晰，语言表达能力也很强，但是他们在表达观点时，却总喜欢用一些人们难以理解的词语或句子。有的时候，他们用的词只有他们自己才懂，所以即使他们的逻辑清晰，表达起来丝毫不费力，听他们讲话的人同样无法明白他们到底是什么意思。就比如有人说话喜欢引经据典，但如果他引用的都是些晦涩难懂的文言文，那么普通的听众必然会听不懂，自然也无法理解他的逻辑。对于这些人，麦肯锡的建议是，尽量将表达中的词汇换成通用词汇，同时使用通俗易懂的语言去表达观点。

掌握了基本能力后，最需要注意的是避开思维陷阱。思维陷阱主要是指那些听起来十分有道理，极容易让人接受，却禁不住严格推敲的论证。比如减肥广告中经常会提出“人之所以会发胖，是因为人体内储存的油过多，只要将这些油排出，人就可以瘦下来”，从表面上来看，这条论证似乎没有任何毛病，然而仔细研究其前提，肥胖难道只是因为体内的油太多吗？当然不是。从医学角度上来讲，肥胖的原因有许多种，可能是生理性的，可能是病理性的，也可能是遗传性的。所以很明显，广告中的论证只是一个思维陷阱，一旦顾客陷入了这个陷阱，就会相信他们的产品一定能让自己瘦下来，并且大量购买他们的产品。

在如何识别思维陷阱上，麦肯锡有一个简单可行的方法，就是多问几个为什么，以及是否有办法证明这一论证是伪证。一个论证的可证伪性越强，那么它的可靠性就越强。以上述的减肥广告为例，如果厂家不能证明使人发胖的原因只有体内储存的油过多，那么也就无法证明接下来的推论是正确的，更无法证明他们的产品能够通过排油而让人瘦下来。

当我们的理性思维能力得到了提升，我们的理性接受度也就得到了提升，如此一来，判断逻辑思维正确性的过程变得更加容易，判断结果的准确性也得到了提升。

2. 运用正确的逻辑思维才能有正面影响

正确的逻辑思维能力可以用于处理生活和工作中的问题，让事情向好的方向发展；可以解决人与人之间的误会，处理好人际关系；可以用于学习更多科学知识，充实自己的学识等方面。虽然大多数人都已经知道什么才是正确的逻辑思维，然而麦肯锡的咨询师们在与客户接触时，却发现许多客户经常因各种内在原则或外在影响，无法运用正确的逻辑思维去思考问题。

一位职员在工作中出现了一个大错误，被主管狠狠地训斥了一通，并扣了半个月的工资。按照公司规章制度，这样的处罚是很合理的，然而这位职员很不服气，与主管争辩不过后，便列举了主管平日里的一些言行，说主管对职员一向苛刻，自己开着好车上下班，却从不体谅其他职员挤公交和地铁的辛苦，职员哪怕迟到一分钟都要被他训斥半天；又说主管与公司高层领导有亲戚关系，仗着这样的身份，从不把职员们放在眼里，对职员们趾高气扬。其他同事听这位职员这么说，都觉得似乎真是那么一回事，于是纷纷对这位职员表示同情，认为是主管刻意责难，并忽略了这位职员犯下错误的严重事实。

按照正常的逻辑思维，一个人被指责犯了错，应该反思自己所做的事情是否有错，若是对方误解，则应举出实例，证明自己没有犯错。然而这位职员明知自己在事实中不占优势，便用了对人不对事的方法，先将听众的注意力转移到主管的特殊身份上，再强调自己是弱势群体，以此博得公众同情。虽然他的这种做法让他暂时占了优势，但事实上，他已违反了逻辑思维中对事不对人的原则，从逻辑思维的角度评判，他已经输了。

由于该职员没有按照正确的逻辑思维去为自己辩解，而是采用了扰乱视听转移注意力的方式，因此即使他暂时博得了其他职员的同情，却也不能使他真正避免处罚。此外，他的这种方式还会降低他本人的专业性，给上级留下一个逻辑思维不够严密，不可以担当大任的印象。

误用传统也是常见的一种没有正确运用逻辑思维的表现。麦肯锡接待的客户中，曾有一些客户一边发愁于企业无法进步，一边仍抱着旧的传统或已无盈利可能的产业不放，认为这是上一辈多年的心血，不能将其毁在自己手中。这样的客户多是家庭企业的继承者，他们不愿意违背祖先们留下的规矩，舍不得放下祖先的基业，虽然有一些规矩和产业已经不符合时代的发展，可他们仍然希望将这些规矩和产业继续保持下去，并且发扬光大。

在这些客户的逻辑中，自己的祖先们拥有数十年的经验，他们留下的规矩一定是正确的，既然祖先曾将这一产业做得很大，发展得很好，就足以说明这一产业具有存在的价值。对于这样的客户来说，即使自己在经营中犯了错，也一定不是因为遵守了祖先的规矩而犯的错，若是祖先留下的产业在自己的手中没落，一定是因为自己没有找到适合它们发展的方式。虽然咨询师已经向他们说明了企业陷入困境的根本原因正是旧的东西不符合如今的环境，可他们就是不肯从自己的错误逻辑中走出来。

不可否认，先人们为我们留下了许多宝贵经验，但这并不能说明只要是历史悠久的事物，就一定是值得坚持的。传统的事物是否在新时代里仍然具有其存在的意义，主要决定因素在于其本身价值，而不在于其历史是否足够悠久。麦肯锡的建议是，对于仍有价值的传统和产业，我们可以保留，但若是没有价值的传统和产业，则应果断丢弃。这样企业才能持续发展。

作为名企的人力资源主管，每日都会接到堆积如山的求职简历。为了在大批应聘者中快速选出最适合企业发展、实力最强的人参加面试，有的主管以工作经验为筛选标准，有的主管以个人介绍为筛选标准，还有的主管以学校为筛选标准。假设应聘者写在简历上的内容全部属实，那么在这三种筛选标准中，前两种的可靠性相对高一些，而最后一种的可靠性则相对低一些。

根据麦肯锡的逻辑思维进行分析，若简历上的内容全部为真，那么有过相关工作经验，或者其个人能力非常适合所应聘的职位的人一定能够更快地适应这个职位。那么毕业的学校是否能作为评判一个人是否符合某一职位的标准呢？麦肯锡给出的答案是不。毕业于名牌大学的学生与其工作能力之间并没有充分且必要的联系，我们只能说，大多数毕业于名牌大学的学生专业知识较扎实，工作能力较强，但不能说所有毕业于名牌大学的学生专业知识都扎实，并且工作能力都强。

每一名学生都是单独的个体，任何学校中都有学习认真、专业知识扎实的学生，同样也有学习态度不端正、专业知识不牢的学生，无论名牌大学还是普通大学，这一情况都普遍存在。即使毕业于某所大学的学生中，80%都曾因在公司中有不良纪录被公司开除，那么至少还有20%的学生不属于这一类。以学校的知名度和学生普遍质量作为评判一个人是否适合某一职位的标准是不符合逻辑的。

类似的事情在生活中也经常存在。有些人仅仅因为听说过某人的父亲年轻时曾经因偷盗而入狱，便认为这个人也会品行不端，处处提防，与其接触时也时常流露出鄙视的神情。这种观点的产生也是因为用了错误的逻辑思维。一个人的品行如何，主要取决于他童年所受到的教育，以及环境对他的影响。即使一个人的父亲曾有过偷盗行为，但若是在他出生时，他的父亲已经改正了错误，并且时刻对他进行正确的品德教育，那么他产生偷盗行为的可能性就大大降低。当然我们不能因此就确定他一定不会偷窃，但我们同样没有有力的论据证明他一定会偷窃。

还有一些时候，人们的错误逻辑体现在逻辑的恶性循环上。麦肯锡曾接触过这样一类客户，他们想要扩大企业的规模，并告诉咨询人员，他们有心增添一些新项目，却因为找不到肯给他们投资的人，资金短缺，所以无法吸引到好的项目。然而过了不久，他们却说因为找不到好的项目，所以无法吸引到肯给他们投资的人。这样的两个理由就形成了一种循环。有可能这些客户在讲述后者时，已经忘记了自己先前说过的话。这说明他们对自己企业的真正问题并不清楚，所以才会陷入这种类似“先有鸡还是先有蛋”的无限循环里。

我们列举了对人不对事的逻辑，误用传统的逻辑，以出身论英雄的逻辑，以及恶性循环的逻辑四种错误逻辑的例子，但事实上，除了这四种错误的逻辑外，生活中还有许多常见的错误逻辑，比如滥用专家意见，认为“专家的意见为真理，专家说的都是对的”；民主谬误，认为“当许多人都说一件事是对的时，这件事就一定是对的”；以暴易暴，认为“既然有人这样做了，那么我们也可以这样做”等。

以麦肯锡的逻辑思维去对社会中的许多问题进行分析，就会发现这些问题的根本在于人们用了错误的逻辑思维去看待问题。所以才会有人自己吃了亏，便想让别人也吃亏，自己受了骗，便用同样的方式去骗别人。当看到别人拥有自己想要得到的东西时，脑子里不去想如何通过自己的努力获得相同的东西，而是想要通过不正当的手段将别人手中的抢过来，若是抢不到，就将其毁掉，因为自己得不到的东西别人也不可以得到。

错误的逻辑思维不但会对个人产生负面影响，也会对社会产生负面影响，使社会中出现不良现象，甚至引起混乱或战争。所以，作为社会中的一员，我们必须运用正确的逻辑思维去思考，去处理身边的种种问题，这样才能确保我们的生活安定，使我们在事业上有所发展，并促进社会的发展。

3. 注意在运用正确的逻辑思维过程中应避免的问题，是引导正确结果的补充

在运用正确的逻辑思维时，我们也同样会遇到一些问题，这些问题有可能对我们的判断产生干扰，也有可能打断我们的分析过程，然而在麦肯锡人眼中，这些都不算问题。他们对于所有的任务都抱着同样的态度，即一定要完成任务，解决问题。

俗话说当局者迷，很多时候，虽然我们已将注意力集中在了一件事情上，可是我们越是集中注意力，头脑中就越发空白，即使我们可以想到一些解决方案，也都只能片面地对事情本身产生影响，并不能真正帮助我们解决这一事情。当这一情况发生时，麦肯锡建议我们，不要继续钻牛角尖，而要放下手中的事情，放松一下自己的大脑，让自己跳出这个圈子，结合整体环境去看这件事。

或许我们可以用曹冲称象的故事来对这一现象进行简单的解释。曹冲称象是中国古代一个家喻户晓的故事，讲的是少年时的曹冲善于

观察，思维敏锐。一日，孙权送给曹操一头大象，曹操想知道大象的重量，可是大象太大，没有办法用秤直接称出。就在所有人都为此事伤脑筋时，曹冲想出了一个办法，他让人先把大象牵到一艘船上，然后在船的外侧做下标记，标明水平面的位置，然后把大象牵下船，在船里装其他货物，直到船外侧的标记再次与水面持平时停止。曹冲说，此时船中货物与大象的重量相同，只要称出货物的重量，就可以得到大象的重量。

运用麦肯锡的思维去看这个故事，其他的人只能想到制造一杆足够大的秤，或是将大象杀死，分成几部分去称这些办法，是因为他们将目光都集中在了大象身上，所以他们不会去想是否还有其他的办法，可以间接称得大象的体重。而曹冲之所以能想到不一样的办法，不仅因为他聪明，还因为他没有将目光集中在大象的身上。所以他才能跳出固有思维的局限，想到其他的新颖的办法。

不将目光集中在一点的另一种体现是顾全大局，从整体上去考虑问题。一位曾在麦肯锡担任过项目经理的人说，这也是他在麦肯锡多年学到的最有价值的东西。

任何事情既有个性，也有通性，当它作为一个单独的个体时，它具有个性，当它作为一个整体中的一部分时，它具有通性。当我们将一件事看作一个单独的个体，我们会发现逻辑A比较适用；然而当我们将一件事看作一个整体中的一部分时，我们会发现逻辑B更加适用。当逻辑A与逻辑B都是正确的逻辑时，我们应当选择逻辑B。

举一个最简单的例子，四个人一起搬运一批家具，其中一个人认为，多用些力气，搬的时候走快点，就能尽快把家具搬完，于是每搬一件家具时，他都非常用力，并且走得很快。他的这一逻辑是否正确呢？若是只有他一人搬东西，这一逻辑没有错，因为工作的时间长短主要取决于他一人的工作效率，然而家具的体积都很大，每件家具都需要至少两个人合作才能搬动，所以只有他一人加快脚步不但没有用，还会影响与同伴之间的合作。

对于那些工作多到应接不暇，整日忙于应对一个又一个问题，却最终一个问题都没有解决，反而被它们扰得晕头转向的人，麦肯锡人的建议是，千万不要被动地被眼前的事牵着鼻子走。要明白，工作是永远做不完的，当许多工作同时积压在手中时，一定要分清主次，尽量不要同时进行。

虽然我们处理任何问题时都需要运用正确的逻辑思维，然而在处理不同的问题时，我们需要运用的逻辑也是不同的。当我们同一时间内交替运用多个逻辑进行思考时，即使我们运用的每一个逻辑都是正确的，但是这些逻辑会对彼此产生干扰，严重时还会让我们的逻辑思维出现混乱，错把不同的逻辑混入同一逻辑中，进而拖慢我们的工作效率。

人的脑力是有限的，即使有些脑力极强的人可以一心二用或三用，但在他们这样做的同时，他们的精力必然会被分散，用在一件事上的专心度也必然会有所降低。如此一来，即便他们的工作也在有序地进行着，但事实上，他们在这几件事上共同花费的时间一定比做完一件再做另一件所花费的时间要多。不过也有例外。麦肯锡人指出，若是同时进行的几件事之间有着密切的逻辑关系，那么做一件事的同时也等于是在间接做另一件事，这样就不会对工作的进度造成不良影响。

既然人的脑力是有限的，时间也是有限的，在有限的时间里运用有限的脑力去做过多的杂事，最后可能造成的结果是不乐观的。如果同时进行了几件工作长达一段时间后，回过头来检查它们，发现它们对推动整体大局并没有任何帮助，那么这些工作就是无效的，应当暂停。为了避免无效工作，麦肯锡建议我们在进行具体操作前，一定要建立一个大画面，确定自己最期望得到的结果是什么，并将自己的目标写在最显眼的地方，时刻提醒自己不要偏离方向。此外，还要学会对自己的目标进行细化和量化，以便更好地看清楚自己需要做些什么。

在麦肯锡这样大规模的企业中，面对大量的工作是每一位咨询师的家常便饭，顾客提出的每一个问题都是一项巨大的挑战，不可能轻易就将它解决。于是，咨询师们在工作中总结出了一套有效帮助他们工作的法则——MECE法则。

MECE是英文mutually exclusive collectively exhaustive的缩写，中文意思是“相互独立，完全穷尽”。MECE法则可以帮助人们排除干扰思维的因素，以便人们理清思路，做出正确的判断，采取正确的措施。运用MECE原则，可以大大降低我们对问题本身的困惑程度。为了确保工作效率，每一位刚入麦肯锡的员工都要接受这方面的培训，将这一原则牢牢地记在脑子里。

工作中，一旦遇到多个问题同时存在的情况，人们大脑中的第一反应多数是慌张。一般来说，工作的压力导致了人们习惯对面前所有的问题都尽快地处理，一些企业制度的不完善更是将这样的情况推到了顶峰。领导在下达命令时，为了让员工尽快完成任务，往往会告诉员工这一任务非常紧急。然而当多个“紧急”任务堆积在一起，员工的大脑就会超负荷运转，无法判断出究竟哪一个任务更加紧急。

运用MECE原则，我们可以将必须解决的问题的各个组成部分全部列出。在这些组成中，如果我们看到一些独立存在的部分，并可以通过这些部分清楚地区分事情，那么这些独立存在的部分就是我们需要挑出的关键点。之后我们需要考虑的，就是这些部分是否都与手中正在进行的项目有关，并且在需要解决的项目中占有独一无二的位置。如果它们是独一无二的，那么它们就可以代表项目中几个特定方面，就是完全穷尽的，解决了它们的问题，就可以解决整个项目的问题。

在麦肯锡人看来，由于人们的思维有限度，想要一次性列举出问题中所有的组成是件比较困难的事，即使我们已经十分用心地去细数，也仍有可能出现一些遗漏。但即便如此，我们也要端正态度，尽我们所能，将能够想到的都列出来。这样我们才能尽可能多地找出项目中相互独立的关键点，以及完全穷尽的关键点。

运用正确的逻辑思维为的是引导出正确的结果，然而有些时候，人们在引导出正确结果后，习惯性地对结果进行了补充，最后反而导致了逻辑思维的混乱。造成这一现象的原因在于补充的内容不符合正确的逻辑思维，比如在证明了苹果掉落是因为地心引力的作用后，再加上一个苹果掉落是因为成熟了的补充，那么听者就会疑惑，苹果掉落究竟是因为受到了地心引力的作用，还是只是因为成熟了。如果不成熟的苹果不会掉落，是否说明苹果只有在成熟的时候才会受到地心引力的作用。

不适当的补充不但不能加强逻辑论证的可信度，反而会使听者对已有的正确的逻辑论证产生怀疑，降低正确逻辑的说服力。所以麦肯锡人认为，当一个论证是通过正确的逻辑思维确定的，并且已得出了有力的结果时，最好不要轻易在其中加入一些未经证实或不确定原因的补充。

否则，之前的推理就失去了效果。

4. 运用正确的逻辑思维过程中的相关验证方法是引导正确结果的有效保证

麦肯锡建议，如果想要确定一个推论所得出的结果是正确的，我们可以对得到的结果进行验证。最常见的验证方法有两种：直接验证和间接验证。

无论哪种验证方法，验证的主要过程如下：首先确定接受验证的对象与系统内部有一致性，其次对接受验证的对象进行外部考察，最后对接受验证的对象进行动态考察。对结果进行逻辑验证可以减少具体运行的风险，也可以帮助我们及早发现问题以及逻辑中的错误。但是需要注意一点，无论进行直接验证还是间接验证，想要确保验证的结果有效，必须先要确保验证过程中运用的逻辑思维是正确的，其次要确保过程中的相关验证方法是正确的，这样所引导出的结果才会是正确的。

直接验证很容易理解，就是从论据的真实直接推出论题的真实。间接验证稍微复杂一些，即先假设一个反论题为真或为假，然后朝着这个方向去进行验证，确定假设反论题的真假后，再推出论题的真假。

在进行直接验证时，我们首先要确定论据的真实性。比如在“早上的太阳离我们比较近，所以早上的太阳看起来比较大”这一论证中，论题是“早上的太阳离我们比较近”，论据是“早上的太阳看起来比较大”。首先，我们可以根据事实确定论据为真，那么论题是否为真呢？

由于人观察物体时，视角越大，被观察的物体看起来越大；视角越小，被观察的物体看起来越小。而视角的大小与物体和眼睛之间的距离有关，同样一件物体，距离人眼越近，视角越大；距离人眼越远，视角越小。根据这两个正确逻辑进行分析，可以得出“早上的太阳离我们比较近”这一前提也是正确的。

间接验证的方法又可分为两种：一种是归谬法，先假设反论题为真，之后引出其中的谬误；另一种是穷举法，先列举出除了需要证明的论题外其他可能成立的不同论题，通过对其他论题的一一否定来证明需要证明的论题为真，由于这种验证需要列举许多不同的论题，因此花费时间更久，过程更复杂。

之前我们提到，在麦肯锡公司中，咨询师们若是暂时无法清晰认识到问题的本质，便会建立一个可行性的假设，之后通过对这一假设进行验证，辨别出假设的真伪，从而确定问题的本质究竟是什么。这一验证过程便属于间接验证。在进行间接验证时可以两点为参考，其一是否能验证该假设可对两个或两个以上的已知事实进行说明，其二是否能验证该假设的内容可对一些还未发生的事实进行预言。当一个假设能够同时存在这两种验证时，假设为真的可能性就非常高。

茜拉是一家公司的企划部经理，一天早上，她打开公司的电脑，发现自己前一夜做好的方案被人删除了，与此同时，公司的竞争对手却推出了一份与她的方案非常相似的方案，并以此在市面上引起了轰动。凭着多年的工作经验，茜拉知道一定是公司内部有人将自己的方案卖给了竞争对手，并删除了自己的方案，但是这个人会是谁呢？经过调查，茜拉锁定了自己的三位下属。

在进行逻辑验证时，茜拉先采用了穷举法，假设除锁定的三人外，其他人都可能是出卖公司方案的人，并对这些论题一一进行验证。最后，事实证明其他人既没有动机，又没有时机，不可能是出卖公司方案的人，于是，她再一次将怀疑的重点落在自己锁定的三人身上。

随后，茜拉采用了归谬法，假设每一个怀疑对象都不是出卖方案的人，最后，她在其中一人身上发现了许多疑点，这些疑点都显示她所假设的“此人不是出卖公司方案的人”这一反论题不可能为真。

按照正确的逻辑，既然此人平日在公司行事低调，不喜欢接近上级，也不喜欢与其他同事讨论公司的事，如果他不是出卖公司方案的人，那么他在事发后就不会有反常的举动。然而事实上，他在事发后一反常态，不但开始留意茜拉的言行，还不时向其他同事询问此事的发展情况。

此外，此人的个人资料显示，他与竞争对手公司企划部的经理既不是同学，也没有亲属关系，而且双方在工作上也不曾有过任何接触。按照正常的逻辑，他应当没有理由与对方有密切的往来。然而事发前，有人曾看见他与对方同时出现在一家餐厅，并且坐在一张桌前吃饭，两人一边吃，一边交谈着什么。当时餐厅中还有空位，如果他们二人只是偶然遇到，凭他们的关系，完全可以各坐一张桌子，而不是同桌吃饭。

因为发现了许多谬误，茜拉对此人进行了深入的调查，最后终于有了切实的证据，证明此人正是将公司的方案卖给竞争对手并删除了茜拉电脑里的资料的人。

麦肯锡提醒我们，对假设进行验证时，必须遵循正确的逻辑思维过程，以上述事件为例，茜拉在验证假设时，若是没有遵循正确的逻辑思维，而是单凭此人平日里在公司的表现便断定此人没有嫌疑，那么她就不可能发现之后的谬误。

正确的逻辑思维验证方法可以帮助我们找出真正的嫌疑人，也可以帮人洗清嫌疑。一次，某公司的市场部主管在开会前发现自己漏掉了一份文件，便打电话通知部门里一名新职员将文件打印好给他送去。新职员见打印机停止工作后，没有核对打印出的文件是否完整，就将文件送给了主管。主管在接到文件后，发现文件最后几页缺失，并且缺失的部分中有不得外泄的重要信息，认为新职员在送文件的过程中将这几页遗失了，于是大怒，命该职员必须将遗失的部分找回来。

新职员一路找回到办公室，都没有发现遗失的几页，心急如焚。正在此时，市场部的一位老职员听说了此事，略作思考，便解决了问题。老职员运用的逻辑是：如果那几页文件真的遗落在了送文件的路上，必然是路上发生了什么，比如新职员弄散了文件，或者有人从新职员手中拿走了那几页。然而这些假设的可能性都为零，那么文件一定不是在路上遗失的，而是出办公室前就没在新职员的手中。

按照这样的逻辑，老职员来到打印机前查看，发现打印机的液晶屏上出现了卡纸的提示。老职员对打印机做了些处理，抽出了卡住的纸页，发现上面正是缺失文件中的一张。打印机恢复运作后，其他几张遗失的文件也打出来了。

上述的几个例子都说明了逻辑思维是正确的，且验证方法是正确的，所引导出的结果才会是正确的。若是在上述这些案例中，逻辑思维正确，但是验证的方法有误，又会出现怎样的结果呢？麦肯锡在经验中发现，验证方法的错误有可能使验证的过程变得更加复杂，多耗费许多时间和精力，也有可能使验证出的结果出现误差，影响事情的整体发展和运行。

以归谬法和穷举法为例，归谬法是一种比较直白的验证方法，适用面积较广，可以用来对大多数情况下的假设进行验证；穷举法则是一种比较细化的验证方法，适用面积较窄，适合对小范围内的假设进行验证。麦肯锡建议，若是目标对象非常多，并且相关信息已经十分明显，那么归谬法是比较适用的；若是目标对象比较少，并且相关信息不够充分，那么穷举法更加适用。

在茜拉的案例中，她之所以可以同时运用两种方法，一方面是因为职员们或多或少都有点嫌疑，她无法单凭自己对他们平日的印象就确定他们的清白；另一方面是因为部门中的人比较少，只有十几人，即使用穷举法，也不至于花费过多的时间，若是她需要甄别的群体人数达到几十人甚至上百人，此时再使用穷举法，就会大大降低甄别的效率。

由此可见，运用什么样的验证方法也是有学问的。麦肯锡的咨询人员每天都要面对大量的任务，需要他们进行逻辑验证的事情也有很多，正是因为掌握了正确的逻辑思维方法，以及准确且适当的验证方法，他们的工作效率才能得到保证，公司的工作效率也得到了保证，使麦肯锡成为全球知名的大企业。

5. 正确结果对逻辑思维可以反推证明其正确性

世上所有的事情之间都有着复杂的因果逻辑关系。麦肯锡认为，当一件事情的结果是正确的，那么我们也可以根据这一结果进行反向推理，将得到的原因与已知原因进行对比，以证明逻辑思维的正确性。

反向推理也叫逆向推理，运用到的逻辑思维主要是逆向逻辑思维。比如一个人早上醒来，看到窗外的行人都只穿了轻薄的外衣，有的人还直接穿了短袖，由此推测出外面的温度很高，所以在出门前也只穿了一件短袖，又带了一件轻薄的外衣。这样根据结果而推测原因的思维就是逆向思维，这种推理方法就是逆向推理法。

逆向推理法起源于古希腊，由亚里士多德提出，并由皮尔士推广开来。通常情况下，人们以为逆向推理法多用于侦破案件，其实逆向推理法在生活中也有着广泛的应用。前段中我们举到的穿衣例子就是逆向推理法最常见的一种应用。

逆向推理与前一节中提到的验证推理有相似之处，实质却并不相同。验证推理是根据一种不确定是否为真的假设来进行推理，逆向推理则是在已知结论为真的情况下进行的推理。验证推理的目的是对结果进行验证，逆向推理的目的则是对逻辑本身进行验证。

麦肯锡指出，想要通过逆向推理来证明逻辑的正确性，必须满足两个条件：前提和结论之间有绝对的因果关系，前提和结论都是正确的。当前提和结论都正确，且两者间拥有绝对的因果关系时，那么用来推断的逻辑是正确的；如果结论和前提之中有一项不一定正确，或是两者间没有绝对的因果关系，那我们用来推断的逻辑就不一定正确。

一个孩子坐在地上大哭，很多人第一眼看到，会主观地认为孩子是因为摔倒而哭。若是我们以“孩子哭了”为结论，以“孩子摔倒了”为前提，来判定“孩子在摔倒后会哭”这一逻辑是真的，那么我们的判定就过于片面，也不够准确。首先，“孩子摔倒了”这一前提并不一定为真，只是一种假设；其次，即使“孩子摔倒了”这一前提为真，“孩子哭了”这一结论也为真，但是两者之间并不存在绝对的因果关系。

运用麦肯锡的逻辑思维去看这个例子，我们还会发现这一例子中也涉及片面和全面的问题。我们看到的只是一个孩子，即使这个孩子真的是因为摔倒而坐在地上大哭，也不能说明所有的孩子在摔倒后都会哭。事实上，确定有许多孩子即使摔倒在地也不会哭，而有些孩子即使没有摔倒，因为其他的原因也会坐在地上大哭。

综上所述，“孩子在摔倒后会哭”这一论证不具有准确性，以此论证为基础的逻辑也不是正确的逻辑，不能被应用于生活中。

逆向推理的种类有许多种，常见的三种有直接型逆向推理，竞争假设型逆向推理和创造型逆向推理。在这三种推理中，直接型逆向推理最简单，应用比较普遍，也是人们在生活中最常应用的推理方式。

在直接型逆向推理中，我们可以清晰地看到结论的存在，并且结论与前提之间的关系只有一种，或者是，或者不是。当我们观察到一件事情已经发生，并可以根据经验判断出一定是另一件事情发生了，此件事情才会发生，那么我们就可以推理出另一件事可以对观察到的事情进行解释。比如我们看到窗外的地面都是湿的，并且看到屋檐还在滴水，于是根据“地面都湿了且屋檐在滴水时一定下过雨”这一论证推断出之前刚刚下过雨。

这一判断是否正确？根据麦肯锡的逻辑思维进行分析，刚刚下过雨，地面一定会湿，这一逻辑关系已得到过证实，是正确的。刚刚下过雨，屋檐会滴水，这一逻辑关系也已得到过证实，是正确的。虽然没有下过雨时，地面也可能因为其他原因变湿，但不可能都是湿的，而且屋檐也一定不会滴水，这些证据都向我们证明了“地面都湿了且屋檐在滴水时一定下过雨”这一逻辑是正确的。

再比如我们在郊区迷了路，想找地方搭车回市区时，根据“有许多车轮痕迹的泥土道路上曾有许多车辆经过”这一逻辑，选择了在一条有许多车轮痕迹的泥土道路边等待车辆经过，那么这一逻辑是正确的。“泥土道路上有许多车轮痕迹”和“泥土道路上曾有许多车辆经过”这两者之间存在绝对的因果关系：如果不是曾有许多车辆经过，泥土道路上一定不会有许多车轮痕迹；如果曾有许多车辆经过，泥土道路上一定会有许多车轮痕迹。因为逻辑正确，所以选择在这样一条道路边等待车辆经过也是可行的。

但是，如果我们的逻辑是“有许多车轮痕迹的泥土道路上一定还会有车经过”，那么这一逻辑就是错误的。首先，“泥土道路上有许多车轮痕迹”只能说明过去时，不能说明现在时和将来时；其次，“泥土道路上有许多车轮痕迹”和“泥土道路上曾有许多车辆经过”之间虽然有着绝对的因果关系，但“泥土道路上有许多车轮痕迹”和“泥土道路上还会有车经过”之间却没有绝对的因果关系。也就是说，我们只可以根据眼前的情况去判断这里曾有过许多车经过，却不能判断这里还会有许多车经过。在这样的情况下，过去的事实只能对现在产生一种参考性作用，而不能起到决定性作用。“一定还会有车经过”这一结论不正确，所以推出这一结论的逻辑也不正确。

在进行逆向推理时，麦肯锡提醒我们，为了确保推理过程的严谨性，一定要尽可能多地考虑到所有可能引发某一事件的原因，而不能仅凭某一个原因便确定整体的逻辑是否正确。以上面提到的坐在地上哭的孩子为例，即使一个孩子真的是在摔倒之后大哭的，我们也只能断定这个孩子因为摔倒而导致大哭，而不能断定这个孩子是因为摔疼了而导致大哭。

摔倒这件事只是表象，孩子大哭的原因却可能有许多种，有可能是因为摔疼了，有可能是因为衣服摔破了担心回家受到责骂，也有可能是因为平时经常摔倒产生了挫败感等。所以，“孩子因为摔疼才会大哭”这一逻辑是错误的，我们不可以根据孩子摔倒后大哭这一事实来判断孩子是因为摔疼了而大哭，并做出相应的处置，更不可以因此得出推论，“只要孩子摔倒后没有哭，就说明他摔得不疼”。

在处理生活和工作中遇到的问题时，我们也应该确保思维的严谨，尽可能多地考虑一些可能引发问题的因素。在麦肯锡接触的客户中，有一些客户在讲述自己问题的时候，因为各种原因避重就轻，不肯将问题的根本原因说出来，只希望咨询人员就问题的表象给出解决方案。此时，咨询人员就需要格外留心，在下结论和选择解决办法时，不能只以客户所说的表象作为根据，而是要进行反推，确定客户的表述中是否存在逻辑错误，同时确定自己的判定中是否存在逻辑不够严谨的情况。

一位部门副主管在讲述自己所面临的问题时，将所在公司内部人事关系混乱定义为影响公司基本运作的根本原因。据他讲述，公司的领导与许多下属之间存在亲友关系，自己部门的主管就是公司总经理的哥哥，所以每当自己和主管同时提出好的建议时，公司总会优先采纳主管的建议，而将他的建议延后。他希望咨询人员可以给他提供解决的办法，让他更能引起上层的重视，与领导成为朋友，提升在公司中的地位，这样他的建议就可以被优先采纳了。

在副主管的逻辑中，因为“公司只重视私人关系而不重视能力”，“主管是总经理的哥哥”，所以“自己得不到器重”。已知副主管得不到器重的结论为真，如果这位副主管说的情况属实，“公司只重视私人关系而不重视能力”和“主管是总经理的哥哥”这两项也为真，那么“只要改变与领导的关系就能得到重用”这一逻辑确实就是正确的。只要他能与公司领导层成为朋友，加强彼此之间的私人关系，他就可以得到重用。

然而咨询人员向这位副主管多提了几个问题，就发现问题的根本并不在于主管是总经理的哥哥，而是副主管自己的能力不足。虽然“主管是总经理的哥哥”这一前提为真，但是公司中并非没有与公司领导没有任何私人关系的员工得到重用的案例，所以“公司只重视私人关系而不重视能力”这一前提不为真。

换个角度去看，作为一家公司，想要真正发展起来，领导必须要懂得用人，待人公正，如果不看能力，只看私人关系，那么这家公司就不是一家适合个人发展的公司，也不是一家有发展前途的公司。想要在这样的一家公司中得到真正的发展也是不现实的。如果这位副主管想要在自己的专业领域中有所发展，他需要做的不是改变与公司领导的关系，而是换到一家重视能力的公司。然而他却一边想要有所发展，一边不肯离开这家公司。所以按照麦肯锡的逻辑思维，这位副主管真正需要解决的不是与领导的关系，而是提高自己的工作能力，这样才能真正在公司中得到重用。

第五章

麦肯锡五个工作原则的逻辑性思考

在麦肯锡的公司中，有五个工作原则的逻辑性思考，分别是：确保项目顺利进行，是一切工作的基础；项目的最终目的是为企业服务；客户才是根本；麦肯锡的主观工作也是项目顺利完成的重要因素；以及项目完成后的可持续性工作。正是因为时刻按照这五个工作原则进行逻辑性思考，麦肯锡人才能克服一切困难，顺利完成每一个任务。麦肯锡公司也因此得到了发展和壮大。

1. 确保项目顺利进行，是一切工作的基础

做任何事情都需要循序渐进，先打好基础，再去进行下一步。这就和盖楼是一样的道理，地基打得不扎实，楼盖得越高，危险性就越大，危险可能带来的后果就越严重。在工作中，最基础的事情是确保项目顺利进行。在项目运行过程中，无论发生任何问题，都有可能导致项目终止，一旦项目终止，那么工作也就失败了。

麦肯锡认为，一个项目的顺利进行需要满足很多条件，在项目正式进行前，我们要明确项目的根本目的，还要确定项目的基本内容，发现关键驱动因素，选择恰当的方案，做好危机的预防等。只有一切都准备就绪后，我们才有资格正式启动项目。否则，项目的运行就会困难重重，一步一坎坷。

想要确保项目的顺利进行，其项目的根本目的和基本内容是最先要做的事。如果一家企业的根本目的是成为专一性的产业，在此产业的领域中独占鳌头，那么就应该将在开展基础项目时专心去做与此产业有关的事情，抵御来自其他产业的诱惑。如果一家企业的根本目的是形成一个系统的多元化产业，那么就应该在开展基础项目时为其他产业的发展

打下基础，同时留意其他产业的动态。

在确定项目的基本内容后，我们需要做的首件大事就是发现关键驱动因素。麦肯锡认为，在大部分的成功商业案例中，关键驱动因素都起着极其重要的作用。因为对于任何一家企业来说，时间和资源都是有限的，若是找不到关键的驱动因素，一个因素接一个因素地尝试和检验，必然会花费大量的时间，严重影响项目的进度。与其花费了大量时间对一个因素进行检验后，才发现这一因素对于项目的运行无足轻重，倒不如在项目运行前，便先找出其中的关键因素，这样既可以节省时间，又可以避免浪费人力做无用功。

关键驱动因素的作用相当于人身体中最脆弱的部位。当我们受到来自其他人的攻击时，如果我们盲目地还击却只是打到了他强壮的部位，那么无论我们还击多少次，对方都不会停下来。但若是我们击中了他最脆弱的部位，那么对方的攻击力就会瞬间降低，而且当我们发出的力气足够大时，对方的攻击力甚至有可能直接降为零。同理，当我们识别出了项目中的关键驱动因素后，我们就可以用最少的力气，解决最大的难题。

麦肯锡人在工作中也一直遵循着这一原则，在解决客户的问题时，他们不会关注各种各样的无关因素，也不会将时间和精力浪费在分析不必要的信息上，而是找对关键驱动因素，一击而中，使问题迎刃而解。

在同一领域的不同企业当中，关键驱动因素也各不相同。这就是为什么很多时候，一家小企业虽然完全照搬了成功大企业的运营模式、管理模式以及销售模式，结果却败得一塌糊涂。大企业有适合大企业的模式，小企业有适合小企业的模式，即使身为相同规模的企业，企业内部的具体情况也各不相同。所以，我们在借鉴成熟企业模式的同时，一定要考虑到自己企业的实际情况，不能盲目跟从与照搬。

对于大型销售企业来说，由于各方面都已经相对成熟，因此遇到销售不畅的情况时，可以先将注意力放在市场需求的变化上，确认是否是自己的产品在市场中的需求量发生了变化。若是市场需求没有改变，那么就要看是市面上出现了新的竞争对手，还是自己的产品出现了问题。一旦确定了问题的关键驱动因素，就可以采取相应的手段解决这一问题。

对于小型销售企业来说，如果在保证产品质量的前提下出现销售不畅的情况，那么问题的关键驱动因素就在于产品宣传力度不够。顾客们往往会有这样的心理，大家都去购买的品牌一定是好品牌，老品牌一定比新品牌可靠，没听说过的品牌肯定不够好。抓住顾客们的这些心理，对症下药，通过特殊形式的宣传让品牌深入人心，让顾客先对品牌本身产生兴趣，想要尝试，再对产品本身产生兴趣，进行购买。销售不畅的情况就可以得到改善。

对于一家处于创业初期的企业来说，关键驱动因素在于资金，其次才是人力资源的缺乏和市场的缺乏。若是意识不到这个问题，为了能够尽快承接一些大型项目而盲目地去效仿大型成熟企业的经营模式，购入大量设备，招聘大量员工，只会让自己的企业陷入更严重的资金危机中，最后还可能导致企业破产。

在麦肯锡人眼中，一家企业是否能有效识别自己企业中的关键驱动因素，以及是否能有效利用这一关键驱动因素，决定了这家企业是否能够取得实际效益。作为企业经营者，应当具备识别关键驱动因素的能力。而当企业经营者不具备这种能力时，就需要麦肯锡人来帮助他认识到关键驱动因素到底在哪里。

夏季本应是冰淇淋卖得最好的季节，然而有一家生产冰淇淋的企业却在一个月内亏损了上万元，其原因是该企业一款销量一直非常好的冰淇淋突然滞销，大量的货堆积在冰柜中卖不出去。同时，此款冰淇淋又以新鲜为卖点，保质期较短，保质期一过，这些冰淇淋只能被扔掉。

企业的经营者在纸上列出了客户对这款冰淇淋的需求已经达到饱和，渐渐不再喜欢；竞争对手采用了更新颖实惠的促销手段，抢走了客源；企业本季度对产品的宣传力度不够等多条原因，却一时不知道应该先从哪方面入手。在向麦肯锡的咨询师们请教过后，这位经营者终于发现了该问题的关键驱动因素：冰淇淋的奶味没有以前浓郁，一些顾客在吃过几次之后，认为该款冰淇淋的质量下降，于是不再购买；其他顾客从购买过此款冰淇淋的顾客口中得知了这一消息，于是也放弃了购买的念头。

找出关键驱动因素后，这位经营者先联系了制造工厂。发现生产配方和比例都没有问题后，他又联系了奶源供应商。最后他发现，由于供应商提供的奶纯度下降了，而自己的工厂并不知道这一变化，仍然按照之前的配方和比例进行生产，因此才导致了冰淇淋奶味没有以前浓郁的情况。发现问题后，他立刻针对这一问题制订了解决方案。为了让顾客重新对该款冰淇淋产生信心，他还在多地开展了品尝活动，顾客们尝到自己喜欢的口味后，对该款冰淇淋重获喜爱，购买情况也趋向好转。

想要确保项目的顺利进行，既要选择恰当的方案，同时也应预测到可能发生的问题和意外，并想好相应的对策。这种能力属于一种危机预知能力，其能力的强弱与经营者的工作经验有关，也与经营者是否具有敏锐的观察力和分析能力有关。麦肯锡的咨询师们大多都具备这样的能力，这主要是因为他们接触过许多不同的客户，并积累了丰富的工作经验。

有的人认为，在问题发生之前就先想好问题发生时怎么办过于悲观，不利于企业的前进。而事实恰恰相反，如果只是想到问题可能发生并因此停滞不前是悲观，既想到问题发生的可能性又想到对策则是一种理性的思维。这就像有些人可以识云辨天气，看到天空中出现积雨云便会在出门前带好伞。当雨真的下起来时，只有他一人可以从容地撑起伞回家，丝毫不用担心被淋湿，其他人却只能匆忙地在雨中奔跑。

项目的运行是工作的主要内容和表现形式。一个项目能够顺利运行，就说明相关工作进展顺利，同时企业发展得也比较顺利。麦肯锡每年承接的项目不计其数，这些项目的顺利完成与所有麦肯锡人的努力都密不可分。在工作过程中，所有麦肯锡人清楚地认识到项目的顺利运行是所有工作的基础，为了让这些项目能够顺利完成，每位麦肯锡人每天都付出了比常人多几十倍的努力。对他们来说，顺利完成这些项目不仅是出于对公司命令的服从，也是证明他们有能力胜任这份工作的一种方式。

对于任何企业来说，经营者应最先认识到项目的顺利运行是所有工作的基础，并将这一思想传递给所有的员工。当企业中所有的员工都意识到这一点，并认同这一点时，工作的态度就会发生变化，工作的效率也能够得到提升。

2. 项目的最终目的是为企业服务

我们已知项目的顺利运行是工作的基础，那么工作顺利开展的目的又是什么呢？答案就是为企业服务，让企业得到发展。项目是一个特殊的，将被完成的有限任务。它是在一定时间内，满足一系列特定目标的多项相关工作的总称。对于企业来说，项目的目的可分为许多种，有的为了增加产品销量，有的为了扩大客户群体，有的为了打造品牌形象，有的为了扩大知名度，有的为了扩充企业规模，有的为了实施多样化发展……归根结底，这些都是为了企业能够有更好的发展。

按照麦肯锡的逻辑，无论我们的企业属于哪一行业，所运行的项目属于什么类型，项目的最终目的都是为企业服务。确定这一点后，在项目的计划、实施和完善的过程中，我们就能更清楚地知道应该将项目做成什么样，如何实施才能达到预期目标，以及如何完善才能得到更好的结果。

在项目正式实施前，我们需要做出项目的可行性报告。可行性报告中需要阐明项目背景和发展概况，市场分析与建设规模，建设条件，技术方案，项目实施安排等多方面内容。撰写报告时，我们应当以有利于企业的发展为标准，去撰写这些内容，若是其中有一项内容对企业的发展没有益处，那么这份报告的可行性就会大大降低，需要重新规划和撰写。

在进行市场分析时，我们要考虑到市场需求量、计划销售量和销售方向、产品定价及销售收入预测等。为了使项目有益于企业发展，我们不应选取市场需求量低的产品作为销售方向，更不应将销售量设定得过高。在对产品进行定价时，我们也应考虑到哪一级的定价能够使这一产品更容易被市场所接受，从而确保销售量的稳定，进而促进销售量的增长。

汉森想要成立一家日用品公司，对此他有许多新颖的想法，只是资金不足，于是他将自己的想法写成了一份项目计划书，并拿着这份项目计划书去寻找投资商。然而结果并不理想，许多投资商看了他的计划书后，不是表示没有兴趣，就是建议他计划周密之后再来要求投资。汉森研究了很久，都没有研究清楚问题的所在，于是他拿着计划书去了麦肯锡公司，想请专业人士给他提一些建议并给予帮助。

麦肯锡的咨询师看过汉森的计划书后，建议汉森先不要急着进行具体的计划，而是要先制作一份项目可行性报告，对自己要做的事有一个深入的了解，这样才能说服投资商认可他的项目。

汉森接受了麦肯锡的建议，回到公司后便着手撰写可行性报告。在撰写可行性报告的过程中，汉森发现，自己之前确实犯下了一些错误。首先，他没有对顾客进行准确的定位。其次，他对日用品市场的了解不够充分。再次，他对自己企业的规模、需要投入的资金等没有一个详细的分析和计算。这些都导致他在具体开展业务时不知从哪一方面开始下手。

日用品指的是人们日常生活中需要的物品。日用品的市场其实非常大，社会中的每一个人只要生活，就一定需要购买日用品。购买日用品的人群基数非常大，但其中顾客对日用品的要求也各不相同，有些人更注重日用品的功能，有些人更注重质量，有些人更注重品牌设计，有些人更注重其价格。

有些日用品属于消耗型日用品，每日都会产生大量的消耗，对于普通人家的顾客来说，他们更需要物美价廉。而对于注重高品质生活的顾客来说，即使存在大量消耗，他们也宁可将质量放在第一位，宁可购买价格昂贵、质量极佳的商品，也不愿购买价格相对便宜、质量一般的商品。

汉森在麦肯锡的提示下意识到，自己并没有对顾客有一个准确的定位，以至于在他的计划中，公司产品既要包括面向高端顾客的智能型日用品，又要包括面向中端顾客的实用型日用品，也要包括面向低端顾客的基础型日用品。高端智能型日用品不但会涉及科技，还涉及外形的美观，这就需要设计师倾注大量心血。这些开销都是非常大的。实用型日用品的生产则要简单不少，只要能够满足顾客的日常需要，在保证质量的基础上加强做工，就可以得到顾客的认可。至于基础型日用品，只要质量合格，并且价钱低廉，外观和做工即使平凡无奇也可以被顾客所接受。

另外，日用品的种类也有许多，比如可根据其使用的场所分为厨房用品、卧室用品、家居用品、卫浴用品等。对于一家刚刚起步、资金有限的公司来说，想要同时在所有领域都有所发展是不现实的，所以最好的方法是确定某一领域，比如只生产厨房用品，或只生产卫浴用品，等到公司成熟之后，再去向其他领域发展。

按照麦肯锡的逻辑，如果一家初创的公司想要尽快产生利润，占领市场，可以从最基础的日用品做起，因为这种产品的顾客基数非常大，生产过程相对简单，资金投入相对少一些。而且基础日用品的生产有许多成功模式可复制。但如果一家初创的公司的根本目的在于生产精品，不急于以数量占领市场而是以独特性站稳脚跟，那么就必须在前期多下功夫，争取其产品一经问世就能在同类产品中脱颖而出。

汉森经过慎重考虑，最后将公司产品定位为物美价廉的中档日用品，并将家居日用品定为首先要生产的项目，其理由是在当时的社会中，单身白领和两口之家的家庭结构模式越来越明显，在这些家庭中，厨房基本不开火，卧室也基本用来睡觉，所以对于这两方面的日用品需求量不是很多，但是家居日用品却占了他们生活中的大部分空间。所以他决定优先生产家居用品。

汉森按照麦肯锡的指导做好了可行性报告书，再拿着报告书去找投资商，果然，有几家投资商同意给他投资。有了资金，接下来要做的就是具体的策划和实施。一般情况下，初创企业有两个选择，一是先做精，后做大；二是先做大，后做精。汉森选的是后者。在麦肯锡的指导下，汉森按照先做大、后做精的目标开始投入生产。

虽然是先做大，但这个“大”也有一定的标准，并不是说要做大就要在各个领域都有涉及，而是说要在某一固定区域中先做大，占有一定的市场，把名声打出去。汉森根据市场中现有的需求情况，预测了接下来可能出现的局面，最先推出了一批适合白领使用的水杯，水杯的造型简约，既可以在家中使用，也可以在公司使用。水杯边上设有几个隐形刻度，不但不会影响杯子的美观，还能提醒他们一天喝了多少水。

在这款水杯大批量生产的同时，汉森便按照麦肯锡的提议，做好了前期宣传工作。他专门请人为他们打造了一系列宣传活动，向人们宣传喝水的好处，鼓励人们日常多喝水，并建议从事什么工作的人应该喝多少水等。等杯子生产好后，汉森又配上产品进行了一些恰当的宣传，让人们发现这款水杯的优势。

前期的宣传策划为的是让人们意识到喝水的重要性，从而奠定了人们喝水的基础。人们对喝水以及一天应喝多少水的意识提高了，就会无意识地去关注自己每天喝了多少水，有没有达到标准。忙碌的工作让白领们对健康更加在乎，当他们养成了喝水的意识和习惯后，一个有刻度的杯子的出现，能够帮助他们更好地掌握每日饮水量，而且简洁大方的外观又提高了一定的档次。另外有刻度的杯子也方便他们进行一些简单的冲调，比如咖啡、奶茶、代餐粉等。

前期的宣传为的是奠定顾客基础，为的是产品正式推出后能够得到顾客们的关注和喜爱。如果前期的宣传对产品的销售起不到真正意义上的推进，那么这种宣传活动就是一种浪费。有了顾客基础后，再加以新颖的营销方式，产品的销量就可以得到保证。

汉森所做的一切，无论是寻找投资商，进行营销策划，奠定顾客基础，还是大量生产水杯，归根结底只有一个目的，就是能够让自己的公司得到发展，赢得利润。事实证明，这些决定是正确的。有了麦肯锡的帮助，汉森的水杯一出现在市场，就赢得了大量顾客，为公司接下来的发展开了个好头。

3. 客户才是根本

对于任何类型的企业来说，客户都是不可忽视的重要资产。没有了客户，产品无处销售，就更谈不上推广和企业规模的扩大。可以说，客户就是企业的核心和根本，没有了客户，企业也就没有了存在的价值。

什么样的人可能成为企业的客户呢？可能是某家小公司的老板，可能是跨国企业的CEO，可能是经营着几家连锁超市的商人，也可能是一名普通的百姓。生活中各种各样的人都可能成为服务性企业的客户，不同的是，有些人是已知客户，有些人是潜在客户。作为服务性企业，对待所有客户都要一视同仁，不能因为对方暂时不是自己的客户就有所怠慢。客户之口是企业最好的宣传媒介，一位客户说这家企业好，可能会令企业获得十位新客户，一位客户说这家企业不好，则可能令企业损失一百位潜在客户。

麦肯锡公司是一家服务性质的企业，对于这样的企业来说，客户的地位更加重要。所以，客户管理也成了极为重要的事。在麦肯锡，对客户的管理主要包括三方面：赢得客户，客户参与和巩固客户。在这三方面中，赢得客户是一切的基础，只有先拥有了客户资源，才能对其进行管理。

赢得客户很好理解，就是让越来越多的人成为自己的客户。这是所有企业在发展过程中需要迈出的第一步。俗话说，万事开头难，赢得客户是一门非常高深的学问，在这一过程中，我们必须掌握艺术和技巧，才能尽可能在最短的时间内发展更多的客户。

通常情况下，人们在发展客户时，总会习惯性地抱着销售的态度去进行营销。比较常见的途径有发传单，打销售电话，邮寄推销电邮等。这样的企业在对员工进行培训时会强调一点，只要你肯尝试，就有获得客户的可能。即使你打了一百个电话，其中只有一个人对你销售的产品有兴趣，你也是成功的。事实上，这种营销手段的效率非常低，能够获得的客户量也非常少。麦肯锡从不采用这样的方式进行营销，在他们看来，通过已有的关系赢得新的客户要比盲目地向一个未知群体进行营销要有效得多。

麦肯锡的营销方式主要为与已有客户建立良好关系，由已有客户对企业进行宣传，进而赢得新的客户。麦肯锡十分重视客户的体验和感受，他们不会以电话形式进行走形式的售后回访，也不会以冰冷模式化的语言和客户交流，更不会不考虑对客户的打扰，以各种形式大量发送宣传资料。与其他企业相比，麦肯锡的跟踪服务看起来一点也不像售后服务，事实上，这些服务也确实不是售后服务，而是额外赠送给客户们的服务。

在麦肯锡，绝不会发生对客户死缠烂打的情况，也不会发生人走茶凉的情况。麦肯锡不会在与客户的业务关系结束后，不时进行电话或邮件的骚扰，希望对方考虑其他方面的咨询业务，或为企业多介绍一些客户，也不会因为一位客户结束了与企业之前的业务，就将这位客户放置在一边不予理睬。他们能够将尺寸把握得很好，令客户感觉到自己被重视，又不会感到自己的生活受到了打扰。

对于麦肯锡人来说，让客户自己意识到什么对他们有益，远比一味由自己向他们推销要有用得多。大多数时间里，麦肯锡的营销部都在忙于书刊、杂志的印刷，提供社区服务，主办主题演讲和培训等事宜。从表面上看，这些事情需要花费大量的时间和精力，却不能为企业带去直接的利润。然而从长远角度上看，这些事情以另外的一种形式向人们宣传了麦肯锡的理念和业务，让更多人看到了麦肯锡的能力，对麦肯锡产生积极正面的印象。另外，在做这些事情的过程中，麦肯锡可以接触到许多潜在客户群体，这对企业的业务发展无疑有着重要意义。

在日常生活中，我们还会经常遇到或听说这样的情况，一些销售人员为了赢得客户的好感，对客户许下了许多承诺，对于客户提出的条件全盘答应，然而到了需要兑现承诺、满足客户条件的时候，他们却百般推托，找出各种说辞，其根本原因就是他们完全没有能力去兑现他们的承诺，当初的应许只是为了稳住客户，让客户办理他们的业务或购买他们的产品。

举一个比较常见的例子，一些不正规的理财公司在向客户介绍理财产品时，会着重介绍产品的优势，强调客户可以通过这一产品获得多少利润。当客户担心偶尔资金不宽裕，无法继续购买该产品而产生损失时，客户经理为了不让客户流失，便会许下不切实际的承诺，称若是真的发生这样的情况，自己有能力为客户暂停这一账户的使用，等到客户资金宽裕之后再开启，所有利润都可立刻恢复正常。而事实上，若是客户真的出现了资金不足，无法继续购买该产品时，客户经理却并不能兑现当初的承诺，而是以各种理由来辩解，称如果客户不能支付一定金额的账户保管费用，就只能办理终止购买，利润也不能按照到期的利润计算。

麦肯锡从来不会向客户承诺做不到的事。他们十分清楚，一味地承诺只会产生拖累，影响主要项目的运作。所以面对客户们提出的担忧，他们一直都很冷静，具体问题具体分析，从不轻易承诺客户什么结果。对于麦肯锡人来说，即使客户可能因为这些担忧得不到满足而终止咨询业务，他们也要实事求是，冒着失去一个客户的风险，不去盲目答应客户的要求。如果客户的要求过多，他们会向客户解释清楚无法同时进行的原因，并建议客户先处理最重要的问题，之后再开一个新的项目，解决前一个项目中没有解决的问题。

一旦客户决定开展业务，麦肯锡人便会让客户参与到他们自己的项目中，时刻检查自己的责任。也许对于其他企业来说，这样做会影响工作效率和质量，因为一旦对分析不专业的客户参与进来，麦肯锡的专业人士就要多花费许多时间和精力为他们讲解和分析形势，有时还需要放慢进度以配合客户的接受度。

然而在麦肯锡人看来，这样做却有很多好处，一是能够让客户更加信任咨询师，二是能够让客户更加清楚自己的问题，三是可以让客户所在的团队更容易接受咨询师的各种决定。在解决问题的过程中，客户必须真正认识到咨询师们是来帮助他们的，所做的一切都是有益于他们的，这样才可以促进项目的开展。要让客户在项目实施的过程中深刻意识到，只有面前的这个人才能真正帮助他们。对于咨询师们来说，这样做也能更容易将客户的目标视为自己的目标，朝着这一目标努力。

除了日常工作上的接触，麦肯锡人也会与客户的团队产生一些互动，比如在工作之余一起运动、吃饭、娱乐等。这些与工作无关的交往活动看似是在浪费时间，其实是能够帮助麦肯锡人与客户的团队加深感情的。当他们彼此的感情有了变化后，再去共同处理一个问题时，他们就会更容易明白对方的想法，也更容易相信对方的决定。

在巩固客户方面，麦肯锡采用了“关系导向型”的客户模式，不但给客户他们满意的结果，还尽量让结果超出客户的预期。客户能够在麦肯锡这里得到物超所值的回报，自然对麦肯锡更加信赖和依赖。这也是麦肯锡能够与世界百强企业建立长久的合作关系的根本原因。此外，许多客户在与麦肯锡合作过后，感到自己的能力也得到了提升，并且更加清楚自己在公司中所处的位置及应负的责任等。这样当他们的企业再遇到类似的问题，他们就能用正确的态度和方式做出应急处理，而不会再慌乱，手足无措。

麦肯锡的宗旨是客户至上，客户永远排在第一位。无论是不给客户不切实际的承诺，让客户参与到项目中，产生主人翁意识，还是与客户的团队处好关系，其主要目的都只有一个，那就是让客户感觉到麦肯锡对他们的重视，从而实现巩固客户关系的目的。从结果上看，麦肯锡的这些措施都切实有效地令他们得到了越来越多客户的信任和依赖，也令企业的名声越来越响亮。

4. 麦肯锡的主观工作也是项目顺利完成的重要因素

对自己没有要求的人在任何领域都不可能有大的作为。无论这个人拥有多么高的天赋、多么出色的头脑或是能够将一心多用的能力发挥得淋漓尽致，若是他没有上进心，没有在某一方面做到更好的意向，那么他就只会安于现状，最后一生碌碌无为。在这里需要强调的是，上进心并不等于功利心，有上进心的人无论是否能够获得名利都会一心努力将自己的工作做好，就比如世上许多著名的科学家，他们或许没有功利心，但是他们都有上进心。

在麦肯锡，每个人都具有极强的主观能动性，对于他们来说，他们的工作并不只是为人打工，然后得到薪水这么简单。工作于他们而言也是促进个人发展的途径。每一[illegible]按劳取酬更多的意义。

对自己严要求，高标准，[illegible]

也是动力，是促使自己不断完善的[illegible]恰好需要在压力下才能得到施展和提升。就比如在有限的时间内，发挥[illegible]从大量问题中挑出最关键的一个去解决，并且将其解[illegible]

[illegible]发展与目标的设定、绩效的评估等都有着密切的关联。麦肯锡不强迫员工必须成为什么样的人，但是它会要求员工们给自己设定较高的预期，也就是对自己高标准，严要求。麦肯锡从来不担心自己的员工会因为积攒了足够的资源和个人能力之后离开麦肯锡，相反，还非常鼓励员工提升个人能力。在麦肯锡内部设有许多个人辅导员，这些辅导员可以对麦肯锡的咨询顾问们进行监督和控制，对他们实施个人发展引导，帮助他们认识和提升个人能力。

麦肯锡的辅导员并不是单独存在的，他们也会参与公司的一些程序，比如参与工作小组的讨论，或者参与工作绩效评价等。因为这些辅导员通常还有另外的身份，那就是公司的合伙人。这样的身份让他们自然将公司的事视为自己的事，将公司的利益视为自己的利益。包括公司的员工，既然他们是公司的资源，那么也就是自己的资源，自己有义务和责任让这些资源更加完善，因为当他们变得更加完善后，他们就能为公司创造更多的价值。

若是这世上一切都不会改变，只停留在最开始的样子，那么我们只要保持住自己的天赋，一成不变地按照同样的模式和轨迹，就可以一直顺利地生活和工作下去。然而时间在流逝，身边的一切都在向前运动着，这时，作为个体的我们如果不跟着环境的前进而前进，时刻提升自己的能力，让自己与时代一起进步，那么我们就等于在后退。当我们头脑中所有的知识储备已完全无法应对外面的世界，当我们曾经具备的引以为傲的技能已经成为这世上人人都轻易掌握的日常技能时，我们在这世上的价值也就大大降低了。

社会的发展总会给人带来不适应感，这是极其平常的事情。然而对于有些人来说，这种不适应会让他们乱了阵脚，不知所措，最后以消极的态度去处理问题，或者逃避问题。在麦肯锡，不会出现这样的情况，也从不存在这样的人。为了发挥出员工们的潜在力量，麦肯锡的辅导员们有时会给员工设定一个初期看上去难以实现的目标，让员工们尽可能朝着这一目标去努力，如果员工因惧怕和不适应而放弃，那么这样的人不是麦肯锡需要的人。

个人的发展具有连续性，一旦开始就不会停止，除非本人有意识地将它停下来。所以，在发展刚一开始时，必须要设定一个适合自己发展或适合自己在某一领域中发展的目标。目标的设定很关键，一旦目标设定有误，那么接下来的发展就会离预期越来越远，越来越不可控制。为了时刻确定目标是否正确，努力是否正确，反馈机制就变得很重要。

对于麦肯锡的所有人来说，都应时常进行自我反馈，审视自己的基本工作职责和发展目标，再确认自己一直以来所做的是否与工作职责和发展目标相符。回顾自己一段时间内是否取得了进步，这些进步与自己的目标是否存在必要联系等。若是出现努力与目标不符的情况，就要及时进行调整，以免偏离得太远影响工作的进行。

作为麦肯锡的辅导员，不时进行反馈更为重要。辅导员们不但要对自己负责，还要对自己监督的员工负责。当员工自身无法意识到努力与目标不符时，辅导员必须及时提醒他们，将他们引回正确的路线。同时，辅导员的个人目标也应与监督对象的目标相匹配，不能出现两种完全不一样的目标。

为了更好地进行反馈，了解个人发展的程度，麦肯锡的团队中还采用了360度反馈机制，这是一种类似团队绩效评价的工具，在这一机制中，每一位员工的绩效考核都与团队中其他人的评价有关。不仅如此，在整个公司里，即使不是同一团队中的成员，麦肯锡也会让他们互相评价，只要他们曾在某一个项目中有过接触，他们就有资格对对方进行评价。这样的评价机制可以客观地了解到一个人在不同的场合中表现如何，也可以令人更清楚自己在哪些方面做得很到位，应继续保持；在哪些方面还有不足，还可改进。

麦肯锡的辅导员对员工一视同仁，但他们也会发现不同员工之间的差异，并针对他们不同的特点给予他们不同的激励。事实证明，一个恰到好处的激励能够对人起到正面作用，使一个人的能力呈现突飞猛进的发展，而不恰当的激励会适得其反，让人失去信心和斗志。在对员工进行个性分析时，麦肯锡采用了MBTI职业性格测试指标。

MBTI职业性格测试指标的产生基于心理学家卡尔·荣格先生关于心理类型的划分，其具体操作为将一个人的特点从动力、信息收集、决策方式和生活方式四个方面进行分析和判断，从而区分出不同个性的人。通过这样的测试，我们可以快速了解到哪些人适合做哪些事，所以当麦肯锡的一位咨询顾问迎来他的第一个项目时，公司会让他先接受这一测试，然后确定他是否能够驾驭这一项目。

在麦肯锡内部，更多时候需要的是团队工作而不是个人单打独斗。在团队中，每个人都以“争取好的业绩”为自己的目标，所以工作起来都非常努力。但由于每个人都有自己独特的个性，其表现方式、关注重点等都有所不同，在工作中也难免会因为个性上的原因出现分歧，影响工作效率。对此，麦肯锡采取了让团队中所有成员都在团队会议中分享自己的MBTI类型这一方式，使成员之间加深了解，掌握最适合其他成员的激励方式，避免冲突的产生。

根据MBTI的测试结果，麦肯锡的辅导员们会在进行反馈时运用多种技巧，使反馈更加有利于激励员工而不是打击员工。由于麦肯锡提倡员工们各自设定较高的目标，因此员工们即使达不到预期的目标，他们也是在成长和进步的。在进行反馈时，麦肯锡要求每一位参与反馈的成员不但要提出消极的评价，也要提出积极的评价。

通常情况下，人们认为消极的评价一定会打击人的积极性，积极的评价一定会提升人的积极性，然而麦肯锡发现无论消极的评价还是积极的评价，在一定的范围内都可对员工的绩效起到提升的作用，然而一旦超过了这一范围，就会对员工的绩效起到降低的作用。由此可见，无论积极的评价还是消极的评价，都应当有一定的限度，不可过度。在进行反馈时，一定要根据实际的情况尽量有规律地进行评估，尽量保持平衡。

主观的工作能够对项目的完成产生较大影响。提升自己对工作的主观能动性，既是提升自己工作能力的有效途径，也是提升工作效率的有效途径。我们也可以给自己制定偏高一些的目标，并时刻进行反馈，确定所走的路是否正确。无论作为一名普通员工，还是公司管理人员，或是一家企业的经营者，麦肯锡的这些方法都是十分值得借鉴和学习的。

6. 项目完成后的可持续性工作

当我们说一个项目完成时，我们真的就彻底完成了这个项目，与这个项目再无关联了吗？麦肯锡告诉我们，不是的。我们所说的项目结束了，只意味着项目在某一阶段结束了，而事实上，在此阶段之后，我们还需要对这一项目进行跟进和总结。没有任何一个项目可以完全以表面上的结束为真正的结束，若是有，那么只有一种可能性，这个项目从一开始就没有得到重视，可有可无。无论是项目的负责人应付了事，还是项目本身只是一个起着敷衍作用的项目，只是为了一次性满足暂时的需求而存在，之后便没了存在的意义。

举个简单的例子，一位厨师在一家餐馆烹饪菜肴的时候，只按照学到的知识进行烹饪，烹饪的过程中完全不去亲自尝试菜的口味，也不去观察菜的火候。菜烹饪好后，他将菜盛到盘子里，叫人端走，同时认为自己这一道菜已经完成了，不需要再理会了。即使许多顾客吃过之后，都说他这道菜做得太咸，然而对他来说，自己的工作只是做菜，菜做完了，自己的工作就完成了，至于做成什么样，顾客有怎样的反馈，都与他无关了。

虽说众口难调，但是当所有顾客都反映了同一个问题时，那就说明厨师的工作确实没有做好，无论他有什么理由，他都应该按照顾客的反馈去将菜做淡一些。上述例子中的厨师明显对工作有一种错误认识，在他看来，自己的工作只在照着所学去烹饪，不需要多考虑其他因素，然而他却忽略了一点，自己的工作建立在顾客的需要之上。如果没有顾客，他的工作也就没了意义，所以他应该聆听顾客的反馈，接受顾客的意见。

大多数人听过这样的例子，都会立刻指出厨师的错误，然而在生活中，人们却对自己的错误视而不见，或者根本没有意识到这样做是错误的。正如生活中，很多人认为只要自己整天都在公司里，并且手中一直在做事，就说明自己在认真工作，而下班的时间一到，他们就立刻放下手中的事，再也不去想工作，拿起东西回家了。在麦肯锡人眼中，这样的工作都是没有可持续性的工作。

麦肯锡提醒我们，任何项目在完成后都需要有一个可持续性的工作，无论项目大小，这一持续性的工作都必不可少。如果我们在下班时间到来之前完成了当日的工作任务，便认为自己自由了，可以开小差、聊天，或者逛网站，那就说明我们脑子里没有对可持续性工作产生一个概念。否则，我们会将一天的工作进行一次小结，回顾一下当天是否有特别的事发生，是否有什么收获，或者是否犯了什么错。如果我们想得更长远一些，还会对第二天的工作做一下简单的安排，以便第二天的工作可以更顺利。

对于个人来说，可持续性工作的一种表现方式为以日为单位的工作总结，即工作日志。对于现在许多公司的基层员工来说，从早到晚要做的事情很多，但其中有不少都是琐事，比如早上到办公室后打扫卫生，拒绝几个推销电话，给来访的客人倒水，接收资料和打印资料等。这些事情是不需要写入工作日志里的，因为它们无法体现你工作的真正价值，而且换作任何一个人都可以做得和你一样好。

工作日志不是记流水账，而是记录一些重要的事情，有特点的事情，发生在自己身上，或者别人身上的，能够吸取经验教训的事情。比如这一天里进行了哪个项目，项目进行到了哪一步，在进行的过程中接触到几个关键性人物，处理问题的过程中是否遇到了困难，如果遇到了困难，采用了怎样的方法，是否使问题得到了解决等。当然，工作日志是以记录个人身上发生的事为主，但若是在与其他员工的接触过程中学到了什么，了解到了什么自己忽略的关键问题，也可以记录其中。

世上许多成功的企业家都有记工作日志的习惯，在日志中，他们会对自己所做过的项目、接触过的人、项目的具体运行情况等进行记录。他们每天的工作量非常大，如果让他们全凭大脑去记，即使他们智商过人，想要记住所有事情也是非常困难的。所以，记工作日志不但不会成为他们的负担，反而会对他们的工作产生帮助，使他们更清晰地了解自己的企业发生着什么，自己面前最大的问题是什么。

简单概括工作日志的好处，包括省时、提高执行力和工作主动性、保证工作衔接，以及积累工作经验四点。养成了记录工作日志的习惯后，再去写工作总结，就会感到写工作总结并不是件难事。有的人在写工作总结时总感到无事可写，其原因主要有两种：一种是他没有发现工作中的重点，另一种就是他真的没有做过什么值得被写入总结的事情。对于前一种情况，只要记录好工作日志，问题就可以被解决。对于后一种情况，麦肯锡的建议是，提升自己的工作能力，不要只做无关痛痒的事情，而是让自己参与到重要的事情中去。

对于项目来说，同样也存在着可持续性工作。生活中，我们最常见的可持续性工作就是售后服务。起初，售后服务的存在是为了搜集客户的反馈，令企业对产品的销售情况和产品在客户心中的接受度有更好的了解，以便企业对产品进行优化，形成更好的销售局面。如今，许多售后服务的地位和作用都发生了改变，对于许多企业来说，售后服务已经演变为一种营销，免费的服务就是他们进行销售的途径。

苹果手机刚刚流入国内不久时，市面上曾经出现过一款卖得很火的手机，据说该手机几乎具有苹果手机的全部功能，连开机和应用界面都一模一样，同时，它还具备几项苹果手机不具备，却在生活中十分实用的功能。最关键的是，这款手机的价格非常便宜，只是苹果手机的四分之一。由于广告宣传得比较到位，加上低廉的价格，许多人都争相购买。然而在用过一段时间后，一些人的手机或多或少地出现了一些问题，比如通话不畅、信号不好、电池过热等。

当人们拿着出了问题的手机找到销售商时，销售商表示他们只负责销售，手机的质量问题需要联系售后服务，然而当时，许多销售这款手机的城市里并没有专门的售后服务中心。买了手机的人想去其他手机维修处修理，却得知维修的价格也不低，需要一两百块，令他们犹豫不决。

由于不是所有的手机都出现了问题，在客户们的口头宣传下，这款手机仍然在很长一段时间内都销售得非常好。然而随着越来越多的人手机出现问题却又无处维修，这款手机的口碑也降了下来。不出一年，这款手机便在市面上销声匿迹了。与此同时，另外几款与其打着同样旗号，只是品牌名称不同的手机也不见了。

由此可见，任何项目想要长期发展，都不能只考虑一时的利益，而是必须要遵循可持续性的发展。即使眼前的工作完成了，也不可因此放松。一旦放松警惕，就会对企业造成不可挽回的损失，影响企业的长远利益。

麦肯锡建议，在开展任何一个项目前，一定要从长远发展的角度去考虑问题。经营者需要有一定的危机意识，事先考虑好万一真的发生问题，应采用什么样的方法去处理。同时，企业经营者需要在日常工作中就将可持续性发展的观念传递给各部门的管理者，让各部门的管理者再传递给各部门的员工。在正式开展项目时，一定要注意，不能只关注眼前的一点工作，而要从整体去考虑工作。

在保证项目可持续性发展的同时，各部门员工也应当养成记日志的习惯，培养各自的工作意识，明白可持续性工作的重要性。当一家企业中每一名员工都清楚地认识到可持续性工作的重要性后，他们就不会消极怠工，以在公司待了几天为工作的标准，而是以在公司做了什么为工作的标准。

第六章

成果思考，目的的重要性

成果是项目最终的结果，也是项目实施的主要目的。成果的产生过程事实上就是目的被实现的过程。在这一过程中，实施者需要时刻谨记项目的最终目的，以这个目的为约束，确定项目实施的方向是否正确，以及方法是否正确。如果在实施的过程中，出现任何可能影响成果产生的问题，就要立刻将其解决。同时，实施者还需要注意提高工作效率，确保成果能够在规定的时间内完成。因为只有这样，成果才真正有效。

1. 成果输出的两个应该注意的事项

按照麦肯锡人的习惯，接手一个项目后，他们会先找到项目中需要解决的问题，设定一个议题，之后根据这一议题进行假设，并设定一个故事线，然后对这一故事线进行验证。在验证的过程中，他们会采用图解的方式做出一个连环图，再将这一连环图转化为具体的分析过程。这一过程就是成果输出的过程。

在进行成果输出时，最需要重视的只有一件事，那就是“如何在有限的时间内有效率地产生真正有价值的输出”。在这件事中，我们必须注意的有三点：有限的时间，有效率地产生，有价值的输出。在这三点中，最重要的一点是“有价值的输出”。

何为“有价值的输出”？在麦肯锡人眼中，有价值的输出必须是高质量的，并且对活动有价值的输出。为了确保输出成果的质量，麦肯锡人指出，有两个必须注意的事项，其一是不要贸然确定验证内容的重要性或对验证内容下定义，其二是不要在还没有进行验证前便一心认定需要验证的内容是对的。

麦肯锡人提醒我们，在成果输出前，首先要对需要验证的内容进行划分，找出最重要的部分，切记不可以在还没确定关键点的时候，就贸然对验证内容下定义，或者从不重要的部分开始验证。如果那样做了，很有可能在验证了许多内容之后，才发现这些部分并不可以被验证，自己所花费的一切时间和人力都是徒劳。

在麦肯锡，良好的心态是每一位咨询顾问都必须具备的素质。心态对于工作的影响是巨大的，一个心态不好的人很容易在工作中产生负面的情绪，或者对工作有害的情绪，进而做出对工作有害的行为。比如焦躁，一个容易焦躁的人不会平心静气地对待工作中遇到的困难，甚至不会仔细核对数据和资料，而在麦肯锡，数据和资料都是每个人每天接触的主要内容，不容有一点失误。

对麦肯锡人来说，工作最忌讳的就是冲动，无论是冲动的思想还是冲动的行为，都有可能为工作本身带来极大的麻烦。在进行结果输出的时候，麦肯锡人坚持一个观念，就是不贸然直接进行分析或验证，因为他们知道，一旦贸然去做某事，就说明头脑中还没有仔细考虑过，对待此事的态度也就不够认真，这样的态度在麦肯锡是不被允许存在的。所以，在进行任何分析或验证之前，他们都会先让自己对要处理的信息进行反复思考、衡量，确定其重要性，之后才会开始行动。

很多时候，麦肯锡人会在一个议题下面设许多分议题。麦肯锡人认为，在同一级别的多个分议题中，一定有一个是最有价值的，而这个最有价值的就是应该被优先进行验证的。至于如何判断哪一个才是最有价值的分议题，他们采用的方式是，看这个分议题对故事线的影响如何，如果能够对故事线起到非常大的影响，那么这个分议题就是最有价值的，如果对故事线几乎起不到什么影响，那么这个分议题就是没有太大价值的。

为什么要这样做呢？麦肯锡人认为，既然最有价值的分议题会对故事线产生重要影响，那么如果在一开始，不验证其可行性，不确定它是否真的能够被验证，就没有办法验证之后的事情，没有办法确定这个故事是否能够继续下去。所以，在一开始就要对这个分议题进行验证，哪怕只能粗略地验证，至少要得到与其有关的信息，确定故事的前提，然后对故事进行深层挖掘，找出故事的关键视角。

每个故事中都有绝对不可以瓦解的部分，我们称之为关键要素。比如我们在给孩子讲《白雪公主》的故事时，白雪公主是世上最漂亮的女人就是整个故事的前提，没有这个前提，就没有皇后的忌妒和加害，也不会有王子对她的一见倾心。所以，白雪公主的美貌在故事中占有了重要地位，是整个故事产生的前提。

在成果输出的过程中，也存在这样的前提。比如一家生产玩具的工厂因为员工流失而陷入困境，如果员工继续这样流失下去，那么工厂就会倒闭。在这一案例中，“员工继续流失会令工厂倒闭”是前提，因为有了这样一个前提，工厂才需要尽快寻求解决的办法。如果将这一问题解决，那么工厂就能够摆脱困境了。

如果我们没有找到准确的前提便开始层层验证，那么我们就不会尽快找到解决的办法。同样以上面玩具厂的问题为例，如果我们没有找到“员工继续流失会令工厂倒闭”这一前提，那么我们就会在研究时无从下手，或者从多错误的点下手。比如以减少工厂开支来缓解工厂压力，暂时减少工厂的业务量，或者强迫工人加班来提高生产效率，同时任由员工继续流失。

大多数情况下，前提总是能够与故事线中一些较大的分岔点对应。如果前提没有找准，那么在之后的分析中，就极有可能偏离真实情况。所以麦肯锡人指出，确定前提是结果输出的第一步。前提确定之后，我们需要做的是找到问题的视角。在故事中，往往会有一个关键性的视角，这一视角可以决定整个故事只向一个方向发展，并且只有一个结局。在结果输出的过程中，视角也起着同样的作用。在关键视角的作用下，我们可以发现能够被输出的只有一个结果

代表的含义明确化为目的，确定真正的议题，再确定真正的视角，这样我们才能得到一个确切的结果。

当我们确定了实际操作的顺序后，我们需要注意，在进行成果输出时，千万不可以在还没取得答案时就先认为自己的观点是对的。比如一位经营者认为企业最大的问题在于成本消耗过大，于是他就以这为议题，只去调查与成本消耗相关的内容，并且只取与成本消耗相关的结果，并将这些结果作为自己判断正确的依据。

麦肯锡提醒我们，千万不能只搜集那些可验证自己的假说为真的资料，而忽略其他同时存在，并且同样重要的资料；更不要不去验证，仅仅因为手中的资料能对假设提供证据，就认为自己的判断是正确的。就好比一家巧克力生产商，不能因为所生产的巧克力在某一城市范围内占有率很高，就认为自己生产的巧克力是受消费者欢迎的，并且不会被任何其他品牌的巧克力所分走市场。而是应该对市场中自己品牌和其他品牌的巧克力占有率都进行调查，比较两者在占有率上是否有曲线上的变化。

美国科学家发明了一个名词，叫“远洋钓鱼”，意思是如果钓不到鱼，那么无论将船开出多远，都没有任何意义。用在结果输出中，可以理解为，如果得不到一个确切的结果，无论做多少努力都是白费。也就是说，结果输出看的是结果，而不是过程。也许我们为求结果付出了许多的时间和精力，也吃了不少苦，但如果最后没能得到一个确切的结果，我们付出的那些就是无意义的。相反，如果我们得到了一个确切的结果，哪怕结果证明我们一直以来坚持的是错的，那也是有意义的。

为了确保成果输出的有效性，我们需要对假设进行有意义的分析和验证，而不是偏离方向，或者由着自己的性子胡乱猜测。在成果输出的过程中，我们需要克服我们的主观思想，从客观的角度出发，对问题的前提和角度进行判断，找到最确切的求解方式，这样才能得到最正确、最有效的成果。当我们找对了方向，确定了目标后，我们再去适当地提高工作效率，就能让成果的输出既准确，又高效。

2. 交出成果的两个难题

事情说起来容易，做起来难，这是真理。很多事情在实际操作时总要比想象中困难且复杂得多，即使我们在操作之前已经进行了长时间的研究，弄清了问题所在，以及导致问题产生的根本原因，并且为之做了详细的计划，但是当我们真正操作起来时，还是会有各种各样的困难出现在我们面前，让我们防不胜防。

想要将计划付诸实践，最后得到成果，我们总会遇到很多困难，这就要求我们拥有良好的心态和娴熟的技能，能够在困难来临时不慌乱、不暴躁，并且能够在困难发生时稳住心神，找出解决它们的办法。

麦肯锡人在运行每一个项目之前，都有了充足的心理准备，他们清楚地认识到困难总会发生这一事实，所以在项目运行前，他们会格外用心地准备，尽量将可能发生的问题都考虑到，从而避免问题的发生。即使在运行项目的过程中真的遇到了问题，他们也能够平静地对待这些问[illegible]提前对问题进行思考。麦肯锡人在进行准备时，会准备大量的资料，所以他们的准备工作往往会持续比较长的时间。他们会根据已有的资料制作故事线和连环图，以便验证时有章可循。如果预计到准备工作需要特别长的时间，他们也会将准备的时间提前，以免准备的时间过久影响其他环节。

想要预防问题的发生，我们需要先与重要的事物互相联结，发现可能产生问题的关键点。我们的头脑中一定要有“万一……那么……”的概念。比如万一我们在搭建竹筏时绳子系得松了，那么竹筏就可能在漂流的途中散开；万一我们在编写电脑程序时输错了一个字母，那么这个程序很可能在运行中发生严重故障。

对于麦肯锡人来说，除了头脑中要有预防计划，还要事先准备好验证机制。验证机制不可以是简单的，而是要能够对论据进行两重或者三重验证的。这样，就算中途发生了一次失败，验证仍然可以进行下去。

成果输出时，我们最常遇到的难题主要有两个，一是无法得出想要的数值或证明，二是以自身的知识或技巧无法让界线明确。这两个问题都是非常容易出现的，并且不是那么容易解决的。

缺少具体数据。当我们遇到的假说在此之前并不存在相关的假说时，这种困难出现得更明显。比如我们需要根据我国大学生在衣、食、娱乐和出行四方面的情况，推测出年轻人的消费规模，那么我们首先需要了解我国大学生们在衣、食、娱乐和出行这四方面平日的消费水平如何，但是我国大学生的人数非常多，而且不同城市的消费水平存在差异，所以我们根本无法计算出每个城市的大学生在这四方面的消费水平如何，也没有办法得到具体的数值。

虽然困难重重，但是对于麦肯锡人来说，没有解决不了的困难。世上无难事，只怕有心人。麦肯锡人个个都是有心人，即使困难看起来十分复杂，他们也不会放弃，而是会运用自己的头脑，根据以往的经验，努力发现新的可以解决问题的方法。

假设我们需要验证“动漫产业除了在动漫本身可以产生大幅度营业额及利润外，还可以在其他领域产生大幅度营业额及利润”，而我们并不能从动漫产业的收费证券报告书中得到相关的数据，那么我们就要从其他的角度去考虑这件事，比如进行结构化推断。

结构化推断指的是根据结构进行推断，我们可以将动漫产业的总营业额和利润视为一个整体，然后将其结构化为“动漫本身产生的营业额和利润”和“其他领域产生的营业额及利润”两部分。这样我们就得到了一个公式：整体营业额和利润=动漫本身产生的营业额和利润+其他领域产生的营业额及利润。在这个公式中，我们可以根据两者大致的市场单价，批发时的加价和厂商利润率，对结构的两个部分分别尝试进行计算和分析，得出两者之间大致的比率。

也许有人会认为，既然并没有确切的数据，那么要如何推断出结果呢？麦肯锡人告诉我们，可以借用物理学家恩里科的主张，即世上任何数值都可以大致推断得出结果。虽然我们不能直接了解到数值，也不知道应该从何下手，但是我们可以设定一个前提，并根据架构逐步加以判断。

相对于一点数据都不知道的情况，当我们已知一些数据的大致规模时，那么想要得出总数就方便得多。对于这样的情况，我们可以去实地进行走访调查，比如向某一店面的店长询问该店的日销售量，或是直接去目标客户群体出入频繁的地方，直接问客户们的意见，这些方式都属于走访调查。

除了上述两种方式，我们还可以用多种方式对数值进行推断。比如对某一目标数值的整体或其他区块的数值进行反推算，以此做比较。当麦肯锡人想要知道某一商品的营业额，却又不知道该营业额的具体数字时，他们会采用先将单价与销售个数相乘，得出一个数值；然后再将市场规模和市场占有率相乘，又得出一个数值；再对其他的因素进行计算，得出其他的数值的方式去进行推算。当所得出的推算值大致齐全后，他们就可以推算出大概的总的数值。

无法得出想要的数值或证明这一问题解决了，那么如何解决以自身的知识或技巧无法让界线明确这一问题呢？对于这一问题，麦肯锡人同样有他们的解决办法。

在麦肯锡，当人们遇到了依靠自身知识技巧无法解决的问题时，他们最常用的办法是向其他人请教。虽然麦肯锡人都是行业中的精英，并且都有着丰富的经验和知识，但是他们也知道自己并不是全才，所以他们从来不会对自己的身份感到过于骄傲，每当遇到自己解决不了的问题能够使自己突破瓶颈，尽快找到解决问题的办法，另一方面能够让自己的技能和知识储备得到提升。

中国有句古话叫“敏而好学，不耻下问”。麦肯锡向人请教的方法与这句话中所提倡的态度如出一辙。但这样做的前提是遇到的问题可以向他人请教，并且身边有可以请教的人，或者能够找到可请教的人。当遇到的问题不可以向他人请教，但是仅凭自己的力量又无法将问题解决时，麦肯锡人就会采用另外一种方法，放弃临近期限却仍然不能对问题产生任何作用的方案，即使这一方案是自己最熟悉，并且最习惯的，也要放弃它。

对于每个人来说，无论出于习惯还是自信，都会更偏向于使用自己最熟悉、最擅长的方法去处理问题。虽然我们说，坚持自己最擅长的方式可以节省许多思考和摸索的时间，但是如果这种方式并不能为我们带去任何帮助，我们就算坚持又有什么用呢？越是坚持，越会影响我们的工作进度。而且想要确定一个新办法是否有效，我们需要至少一星期左右的时间，所以越早放弃没有用的旧办法，我们就可以拥有越多验证新办法是否有效的时间。

对于以团队工作为主要工作模式的麦肯锡人来说，团队的力量总要比一个人的力量强大。一个人的方案不可行，还有许多其他的方案可以采用。所以与其执着于一个已确定无用的方案，不如改用其他人的方案。何况，每一个议题都有许多验证方法，每一种验证方法都有它的优势和劣势，我们不能肯定地说哪一种方法就是最好的。有些时候，我们费尽力气想出的办法反而不如别人轻轻松松想出的办法更适用。无论什么颜色的猫，抓住了老鼠就是好猫；无论什么样的办法，只要能提高解决问题的效率就是好办法。

3. 寻找答案的方法

“人工智能之父”马文·明斯基将天才定义为不受同辈压力左右，永远记得探索问题本质，并且拥有多种表达事物方法的人。在他眼中，美国物理学家理查德·费曼就是这样一个人，因为费曼每次在听到其他人讲述一个问题时，总能提出许多不同的解决办法。按照这样的观点，麦肯锡人也可被称为天才，因为他们在遇到问题时，也总是能够想出多于一种的解决办法。

我们去对历史上那些科学家、艺术家、商业天才等进行研究，就会发现他们之所以能够取得成功，正是因为他们具备了从多个角度思考问题的能力。对于科学家来说，如果他们也同常人一样，只从一个角度去看问题，他们就永远无法发现问题的本质，也找不到解释的方法；对于艺术家来说，如果他们不会从多个角度看同一件事物，就不可能创作出惊世的作品；对于商业天才来说，如果他们不会从多角度去看问题，那么他们就不会在人们都习以为常的环境中发现商机。

解决问题是每个人在日常生活和工作中都会遇到的事情，在解决问题时，我们需要不断进行思考，然而若是我们只会用传统的思维去思考，那么我们就只能永远用同样的方式对待所有的问题。问题是会发生变化的，生活中的许多问题都需要我们用新的眼光去看它，工作中的许

的问题也需要我们用不一样的思维去解决。麦肯锡人认为，只有具备从

[illegible]

不平常。

菲律宾的一家啤酒厂曾在20世纪90年代初期遭遇过一次重大危机。当时，啤酒厂所建的位置是在河边，每当下大雨或是刮台风，河面都会上涨，导致啤酒厂泡在水中。有一次，因为河水涨得太厉害，厂内的许多车子都被淹了，员工们花了好几天的时间才将厂内的水清理干净。对于啤酒厂来说，解决这一问题的最好方式是迁厂，可是管理者却不愿意这样做，因为按照当时的政策，一旦迁厂，啤酒厂就只能迁到偏远的郊区，如此一来，再想要通过水运发货就会比较困难，发货的时间和成本都会增加。

最后，该厂的厂长只不过换了一个角度去看事情，就将这一问题解决了。厂长采用的方式是建立防洪工程，这样一来，工厂的位置不用变动，河水也不能再灌入工厂内部，影响生产进度和员工的生活环境。为了令员工支持这次改革，厂长还在改革推出之前先改善了员工的待遇和生活环境，员工得到了安抚，态度也就缓和下来，再也不对工厂有怨言，取而代之的是支持工厂的一切决定。

在麦肯锡人看来，这家啤酒厂能够摆脱困境，主要原因在于该厂的厂长能够换一个角度去寻找答案。当人们都将注意力集中在迁厂或不迁厂的问题上时，厂长却将目光投向了造成问题的外因——河水。虽然建立防洪工程花费了大量的资金，但是从长远角度来看，这样做无疑是最好的解决办法。

在销售界，最流行的一种方式是将自己想象成客户，从客户的立场

出发考虑问题。这也是换一种角度解决问题的体现。通常情况下，销售人员在进行销售时，会从销售的角度去向客户进行推销，介绍产品的功能、优越性等，并劝客户购买，然而他们越是这样卖力地向客户解说，客户越容易产生反感。若是销售人员能够换个角度，了解客户的心理，从客户的立场去描述产品，那么客户就会有一种亲切感，不再排斥销售人员的建议。

麦肯锡人认为，除了换个角度思考问题外，重视循环次数及速度也是找出答案的有效办法。当我们已经对输出、投入尽力、避开难题有足够的了解后，我们就需要马不停蹄地运作起来，对所有的资料和想法进行快速整合。

有些人总也无法提高思考的效率，其主要原因在于他们在思考时过于“谨慎”。我们说谨慎是每个人在思考时都必须具备的，但凡事不能过度，谨慎也同样。如果过度谨慎，就会将自己卡在某一个环节里，无法向前。在麦肯锡人看来，过度的谨慎并不说明一个人对待所思考的问题非常重视，也不说明这个人思维周密，恰恰相反，这说明这个人对事情没有一个清晰的认识，也不具备处理问题的能力。

麦肯锡人发现，分析的完成度越高，需要花费的时间就越多。如果将一个问题从0分析到60%需要1小时的话，那么从60%分析到70%也需要1小时，从70%分析到80%就需要2小时。也就是说，从0一直分析到80%一共需要4个小时。如果换个方式，当完成了60%时，不去继续分析，而是从头进行验证，再进行一次验证的循环，结果又会如何呢？事实证明，这样做的结果能够完成超过80%的完成度，而时间却一共只用了2个小时。

通过上面的例子，麦肯锡人发现一个规律，目标定得越高，需要花

[illegible]与其追求每一次达到多高的完成度，不如多[illegible]

是提醒人们不要过度谨慎，以免使自己在某一个环节上停滞不前，反而耽误了整个进程。

无论分析的过程有多仔细，如果花费了大量时间和精力后，还是得不到有用的结果，那么这个分析同样是无效的。判断一个人工作效率的标准并不是看他花了多少时间和精力，而是看他最终能不能解决问题。所以，适当提升速度也是非常必要的。特别是当某一过程中出现怎样努力都得不到想要的结果的情况时，更应当转头回去循环运作，而不是执着于难以处理的环节，强行追求一次性的完成度。

每个人都应该给自己制定一个目标，这样才能有动力一直努力向前。以往，人们总认为将目标定得高一些就一定对人有利，能够激起斗志，然而麦肯锡人提醒我们，不要一次性将目标定得太高，因为定得太高会给自己制造许多障碍，不但不容易完成，还容易让人钻进牛角尖里，冲不破，出不来。当一个人过于执着于一个目标时，他会忽略周围更多重要的事情，将大量精力花在一个也许根本就完成不了的任务上。这样对人对事都是没有好处的。

在寻找答案的过程中，我们不应该，也不需要对某一个方法过于执着。当我们发现这一方法对我们寻找答案这件事没有实际的作用，我们就需要更换它，改试另外的方法。解决问题的方法总是有许多种的。幸运的时候，我们一试便中；不太幸运的时候，我们试了几次才中；最不幸运的时候，我们试了许多次都不中。一试便中当然好；试了几次都不中时，我们就可以考虑是否这一方法并不适合用来解决这一问题，然后去尝试其他的方法。当试了许多次都不中时，我们就不需要任何怀疑，可以马上放弃这一方法，采用新的方法。

麦肯锡人让我们懂得，解决问题的最好方式不是一根筋，坚持旧的思想和方法，也不是强迫自己一定要用某一种方法将问题全部解决。要学会变通，掌握应变能力，灵活对待身边的问题，而不是做无谓的执着和努力。努力只有在它能够创造价值时才可以称得上是值得的努力，如果努力不能创造价值，那么它就是徒劳。我们不应该将自己的时间用来做徒劳的事情，人生是有限的，必须将它用在有用的地方，做有用的事。

想要学会寻找问题的方法，我们需要在生活中积累经验，在工作中积累经验，多开阔自己的眼界，多学习不同的知识。当我们的大脑中拥有了丰富的知识面，以及多种处理问题的方式后，我们就不会再为了寻找解决问题的方法而伤脑筋。

4. 让效率和成果齐头并进

我们前面说了那么多，最终的目的是让效率和成果齐头并进。在工作中，效率一般指工作投入和产出的比。简单地说，就是我们在做某件事时，所花费的时间、精力以及金钱等，是否与我们获得的成正比。如果花费的小于获得的，那么效率就是高的；如果花费的大于获得的，那么效率就是低的。工作效率是企业衡量员工能力的标准之一。一位员工如果工作效率一直都很低，那说明他的工作能力比较低。通常情况下，的。在工作中花费的时间和精力会对产生的成果有一定影响，但并不是我们花越多的时间和精力在上面，我们的成果就越能得到认可和欣赏。工作成果的产生不但在质量方面有要求，在时间上也有要求，当一个成果需要在某一时间内为了某一个目标而服务时，我们就必须在确保工作质量的同时提升工作效率，以便我们可以在规定的时限内完成工作。

举一个简单的例子，最好的朋友要过生日了，你想为她亲手做一个蛋糕，以表示对她的祝贺。为了做出美味又好看的蛋糕，你对每一个环节都有非常高的要求，仅仅选料就花了一天的时间。之后，你又用了半天的时间来挑选蛋糕的样式，最后选中了一款做工非常精致的蛋糕式样。然而，你之前并没有制作蛋糕的经验，你需要花很长时间去学习如何制作并烘焙蛋糕坯，如何将奶油在蛋糕坯上抹平，最后还要学习如何在蛋糕上画出好看的花纹。你的想法是好的，然而当你终于能够制作出一个满意的蛋糕时，朋友的生日已经过去了。由于时限已过，这一成果也就没有意义了。

在工作中，如果没能在规定时限内拿出成果，那么后果会更加严重。在麦肯锡中，所有的项目都是非常重要的，很多客户的问题既重要又紧急，必须在时限之内得到解决。对于有的客户来说，三个月内问题得不到解决，公司就会破产。对于有的客户来说，一个月内问题得不到解决，他们就失去了在竞争中取胜的最佳机会。所以，麦肯锡人不但要确保成果是客户们想要的，还要确保成果能够在客户可承受的时间范围内完成。

麦肯锡人认为，提升工作效率是产生工作成果的根本支持。如果工作效率无法提升，那么成果的生成就会延迟，也就是我们平时说的不能按时完成任务。在任何一家企业中，经常性不能按时完成任务的人都不是企业所需要的。

想要提高工作效率，我们要先端正我们的工作态度。正确积极的工作态度能够提高我们的工作效率。当我们热爱一份工作时，我们就会不顾一切地将自己的全部热情投入进去，不怕遇到任何困难，这样工作效率自然会提高。麦肯锡的员工对于工作就有着极高的热情，否则，他们就无法每日面对高强度的工作，也无法承受得住工作上的压力。

有了正确的工作态度，我们还要懂得利用时间，并且分清工作的轻重缓急。在麦肯锡，工作永远是做不完的，这就要求他们懂得利用时间，知道什么时候该做什么。在麦肯锡，所有人都能够对工作的轻重进行准确的判断，他们会优先做最重要的事，稍后做不太重要的事。至于事情的紧急性，他们也会考虑，但只在确定了事情足够重要时才会考虑。他们的时间很紧迫，必须用来做最重要并且紧急的事。

想要提升自己的工作效率，可以从以下几方面入手。首先，给自己制订每日的工作计划和每月的工作计划，工作计划可以时刻提醒自己应该做什么。有了计划后，就要严格按照计划执行，除非计划中有错误的内容，或者不适合发展的内容，才需要随时进行调整。当我们按照计划中的内容去执行时，我们的生活就会变得有规律，也不会被各种不必要的事情干扰。

平日里，我们还需要养成好的习惯，比如尽可能掌握更多的信息，随时扩充自己的头脑和知识储备。这样在遇到问题时，我们就可以不用去查找资料，而是可以直接将自己的知识储备拿出来使用。当然，想要

能够活学活用，我们也需要锻炼自己的思维能力和反应能力。如果脑子

习惯不是一天形成的，而是在漫长的岁月中养成的。麦肯锡人能够在行业中表现得格外优秀，这与他们自身的素质有关，也与他们日常的养成有关。每位麦肯锡人都将好学、敏锐等优秀品质作为他们的习惯，从一点一滴的小事开始做起，渐渐养成了许多能够让自己越来越优秀的习惯。

麦肯锡注重团队工作，而对于团队来说，最重要的就是有效的沟通和完美的配合。如果团队中的成员相互之间无法有效沟通，时常产生误会，那么团队的执行力就无法得到增强，团队成员也无法在执行任务时配合得天衣无缝。只有当一个团队中所有人都能够与其他队友有效沟通时，他们才能够将工作完成得更好，才能提升工作的效率。

对于团队来说，想要提高工作效率还可以从五个方面入手：确定明确的目标，制订细致的计划和合理的流程，时常对团队成员进行有科学依据的考核，并时常对团队成员进行监督。在这五个方面中，确定目标是基础，目标定了，才能知道应该制订怎样的计划和流程，才能知道按照什么标准对成员进行考核。至于监督，不是为了监视，而是为了及时发现成员们的不足之处，对他们加以提醒，这样他们就不会错得越来越离谱，不会偏离目标越来越远。

对于企业来说，想要提高团队的工作效率，还需要不时对团队进行培训。麦肯锡的团队都受到过公司的培训，他们在培训中学到了许多有用的东西，开阔了眼界，对公司的忠诚度也提升了。

鼓励能够激发人的自信和潜能，所以在麦肯锡，对团队的鼓励是不

可缺少的。然而在对团队进行鼓励时，麦肯锡的高层们会将重点放在他们的工作成果上，而不是他们的工作过程上。这就好比父母在夸奖孩子时，如果只会说“真乖”，那么孩子就容易迷惑，因为他们不知道“真乖”指的是什么，也不知道自己怎样做是对的。而如果父母对他们说“你刚才和长辈问好时非常有礼貌，我们很喜欢你这样”，那么孩子就会明白父母喜欢他们怎样做，下次他们还会这样做。

工作之外的时间里，麦肯锡人习惯好好休息，陪伴家人。因为他们平时的工作非常忙，难得有休息的时间，所以他们会利用所有可以利用的休息时间，去做一些自己想做的事，让自己放松一下，或者陪在家人身边。不会休息的人一定不会工作。越是紧张的工作，越需要适当的休息。没有什么人能够永远处于紧张的工作状态，如果连续工作不休息的话，这个人很快就透支而无法继续工作，效率自然也就不可能提升。所以，好好休息对于提升工作效率也是非常有帮助的。

目前，市面上有关提升工作效率的方法有许多，而这些方法事实上因人而异。人们在想方设法提升工作效率的时候，也应该根据自己的实际情况去做决定。对于经常忙碌的人来说，合理分配工作时间和个人时间可以有效提高工作效率。对于刚接到一个重要工作的人来说，事先订好工作计划，给自己留有缓冲期可以提高工作效率。对于手头有多个任务需要处理的人来说，逐个处理任务要比同时处理多项任务的工作效率更高一些。

总之，想要让成果真正有效，提升工作效率是必要手段。当工作效率提升了之后，成果的输出速度也就得到了提升，就能趁早起到作用。

第七章

金字塔结构：逻辑思考的核心技巧

金字塔结构是一种逻辑清晰、重点突出的思考结构。它是逻辑思考的核心技巧，能够帮助我们进行有效且高效的沟通。人们无论是在说话时，还是在写作时，最关心的就是如何能让对方尽快明白自己的意思。运用金字塔结构，就可以提升自己思维的逻辑性，让自己能够更加清楚地表达主要意思，让受众对我们的话题产生兴趣，印象深刻，并且能够很好理解。这一点无论是在日常生活中，还是在工作中，都对我们大有益处。

1. 金字塔结构暗含的逻辑思维

我们都知道金字塔是由下至上，逐级递减堆叠起来的建筑物。其结构紧密，稳定。金字塔的结构具有非常清楚的框架，由此推出的金字塔原理也是如此，它是一种思考方式，也是一种沟通方式，其特点在于可以将重点突出，逻辑清晰，层次分明，简单易懂。

当我们看一座金字塔时，我们头脑中会对它有一个清晰的印象，最顶端用的砖料最少，然后越向下，使用的砖料越多。我们不会对它的结构产生疑惑，因为这些砖料整齐地排列，砖料与砖料紧密相连，显而易见。同样的道理，用金字塔结构进行思考、表述和沟通，也可以让所表达的内容有条理，更容易被自己和他人理解。

在金字塔结构中，逻辑思维无处不在，这就好比我们写一篇文章时，思维顺序是从最底部的层次开始的：句子与句子间存在着某种特定的逻辑，这种逻辑使许多句子汇在一起，形成了段落；段落与段落之间也存在着某种特定的逻辑，这种逻辑又使这些段落汇在一起，形成了一个小节；再向上发展，若干个小节因为存在逻辑关系，形成了章；章与章之间又因为存在逻辑关系，最后形成了一篇完整的长文或书。

麦肯锡指出，金字塔结构中包含着多种逻辑思维。当金字塔的顶端所表达的是一个主要观点，而向下延伸的部分对这一观点起了解释说明的作用时，这个金字塔结构向我们展示的就是一个分析的过程，其运用的逻辑思维则是分析型逻辑思维。

分析型逻辑思维的主要表现方式是将某一个指定的对象分解为多个组成部分，然后对每一个组成部分进行考察和研究，从而达到对这个对象的本质产生认识的目的。这种在金字塔结构中运用分析型逻辑思维的例子有许多，比如科学家们在研究一种物质的基本性质时，会将其分解成若干个分子或原子，这一过程就是运用了分析型逻辑思维的金字塔结构。

还有一个常见的例子是我们在大学毕业时所写的毕业论文。当我们定下论文的标题和目录时，一个简单的金字塔结构就构建成了。每一章都是对标题的解释说明，每一节都是对其所属章的解释说明，而文中的具体内容又是对每一节的解释说明。当我们对每一个标题进行分析说明时，所运用的逻辑就是分析型的逻辑思维。

综合型逻辑思维在表现时，往往属于从金字塔结构的底端向上延伸的形式。在进行综合型逻辑思维时，我们需要把一个对象的各个组成部分结合为一个整体，然后对这个整体进行考察。一个比较常见的例子是警方在破案时，需要将与事件有关的所有的证词和证物都收集到一起，将它们组成一个整体，再对案情进行具体分析，最后推出事情的过程和案发原因。

比较型逻辑思维是分类型逻辑思维的基础，运用这种逻辑思维，可以发现事物之间的共同点和差异性。分类型逻辑思维主要体现在根据已

知的事物之间的共同点和差异性，把事物分门别类。在金字塔结构中，

[illegible]

行比较，再进行分类。对不同的员工，应当采用不同的激励方式。有些员工态度认真，但是能力有所欠缺，有些员工能力极强，但态度上却不够严谨。对于这两种员工，管理者如果采用了相同的激励方式，或者会造成态度认真的员工压力过大，更加影响工作效率，或者会造成能力强的员工骄傲自满，更加影响工作质量。

归纳型逻辑思维主要应用于根据个别性的前提推出一般性的结论。其表现形式与综合型逻辑思维类似，都是根据现象推出结论。但归纳型逻辑思维的依据主要来源于人们的生活经验，然而这些生活经验是否能够代表全部情况，却不可知。将归纳型逻辑思维应用于金字塔结构中，可得出类似于“鸽子会飞，鹦鹉会飞，喜鹊会飞……它们都是鸟，所以鸟都会飞”的结论。

演绎型逻辑思维主要应用于根据一般性的前提推出个别性的结论。比如“所有的金属都能导电，铁是金属，所以铁能导电”这个论证，就是运用了演绎逻辑思维得到的论证。麦肯锡人在工作过程中，比较倾向的是演绎型逻辑思维，因为这种逻辑思维的前提是已得到确认的，是绝对正确的。

当一家百货商场的经营者向麦肯锡请教如何盈利的问题时，麦肯锡人会参照已有的百货商场成功案例，借鉴其他成功经验，但同时他们也会根据这家百货商场的具体情况去分析这些成功的经验是否能对该商场起到有效的帮助。除非他们可以确定，某一种方法能够绝对起到帮助商

场的作用，否则他们不会轻易下结论。

抽象与概括在金字塔结构中的体现比较容易被识别。二者之间的关系不可分割。经过抽象逻辑思维得出的是本质，而经过概括逻辑思维得出的是概念。概念是由许多本质汇集在一起形成的语句。

金字塔结构是由一层又一层的内容构成的，在每一层的内容中，都存在着不同的逻辑关系。同一分支的内容间存在的是直接并列关系，不同分支的内容间存在的是间接关系。相对于下层的内容来说，上层的内容就是一种抽象，也是一种概括。下层的内容对上层的内容起到了详细说明，上层的内容则将下层多个内容的本质属性概括出来，形成一个抽象的概念。

麦肯锡人在工作中，经常会通过运用抽象和概括逻辑思维去发现一些问题的共同本质，然后将它们总结概括出一个概念，作为麦肯锡资料库中的一个文档。当再有类似的事情发生时，他们便可以之前的文档为参考，对遇到的新问题进行分析和研究，最后确定新问题是否可以通过旧经验解决。

在解决过数十家服务类企业的人员流动性问题后，麦肯锡人发现，这些企业会发生员工流动性过大的根本原因在于员工的工作量过大，工资却不高。员工在工作一段时间后，认为自己的付出和获得不成正比，于是选择了离开。麦肯锡人抽出了这些问题中的本质原因：工作量过大和工资过低，并将这一原因概括为员工的待遇过低。再遇到有类似问题的企业时，他们会优先以这一概念作为标准，去衡量前来咨询的企业中是否出现这一问题，如果有，他们就可以按照之前的方式去进行解决。

我们已知逻辑思维可以帮助人理清思路，更方便地理解一些事情的缘由、经过、结果，也可以更方便地对一些事件进行分析，得到需要的内容。所以，金字塔结构也可以帮助人理清思路。在金字塔结构中，我们可以轻松发现问题与问题之间的关系，也可以在最短的时间内发现每一个问题的原因和答案，这便是其中的逻辑关系在起作用。

金字塔结构中的逻辑思维比较严谨，也比较复杂。所以在研究其中的逻辑关系时，麦肯锡提醒我们，一定要先理清思绪，明确每一种逻辑关系存在的形式和意义，不要轻易判定结构中只存在某种逻辑思维，也不要乱用逻辑思维关系。

2. 金字塔结构的两种类型

金字塔结构主要有两种类型，一种为正金字塔结构，即在顶端表达主要的思想，然后沿各个分支向下展开，在逻辑关系上层层递进，分别表达各项观点。另一种为倒金字塔结构，即将大量最基础的内容写在最上面，然后将它们分组进行提炼，得出一个又一个总结性的内容，在逻辑关系上层层递减，最后得到一个最精练的主题。

事实上，倒金字塔结构最初产生于新闻领域，其目的是防止战争中稿件的传送经常中断，导致新闻不能完全传送到后方。也就是说，倒金字塔结构最初是一种应急的文体，为了能够让后方尽快得知前方的战事和结果，记者们采用了先写结果、后写原因的方式进行电报的传递。

后来，人们将倒金字塔结构作为一种便捷的写作结构，运用这种结构写出来的文章可以让读者快速了解文章的主要意思，不需要阅读全篇，就能大概了解文章中最关键的内容。但同时，这种写作结构也存在一些缺点，因为创作过程过于潦草，所以文章读起来没有文采，缺少生气，而且结语读起来没有力度，不能对文章起到有力的总结作用。

在麦肯锡公司，正金字塔结构和倒金字塔结构都是用来解决问题的有效工具。当客户提出的问题比较单一时，麦肯锡人会采用正金字塔的结构对问题展开分析。比如客户提出了“如何提高员工工作效率”这一问题，那么麦肯锡人就会以员工工作效率低为纲要，然后根据员工工作效率低的不同表现，比如员工工作时间过长，已完成的工作内容经常不够完善，需要改正或返工，增加了平均的工作时间等进行具体分析。

如果分析结果表明，员工工作时间过长的原因在于许多员工在工作时间聊天、看购物网站、玩游戏；已完成的工作内容不够完善的原因在于员工工作时不专注，对工作应付了事。那么接下来的分析就应该针对为什么许多员工身上都出现这样的问题。

展开分析，得知因为公司给员工的薪水是按月支付而不是按劳支付，导致一些有惰性的员工抱着做多做少都可以拿到相同的薪水的态度，宁可少做一点，不肯多做一点。当一些消极怠工的员工能够拿到和认真工作的员工相同的薪水后，认真工作的员工心理也开始不平衡，于是他们的工作态度也发生了变化，对待工作也开始不认真。对于这样的问题，应该采取的解决措施是实施赏罚分明的制度，限定任务量，任务量不达标者会受到惩罚，任务完成较好或超额完成的有奖励。

但若是具体分析后，发现导致员工工作效率低的根本原因不在于员工，而是公司制度上存在问题，每一个环节的审核过于拖沓烦琐，上级下达的指示不明，或者总是在任务完成后更改要求，那么就应该从制度方面进行调整，而不是只从员工身上去找问题。

当客户提出的问题比较散，范围比较大，又没有主旨时，麦肯锡人

出的问题包括公司在水、电方面的开销过大，公司对设备日常维护开销过大，公司在差旅费用方面开销过大，公司在宴请方面开销过大，导致公司收支严重不平衡，那么这些问题其实属于同一个问题，就是公司的日常开销过大而导致收支严重不平衡。

水、电开销过大极有可能是员工平时浪费水、电资源而导致的。设备日常维护开销过大极有可能是员工使用不当，或者过度使用而导致的。至于差旅和宴请方面，也极有可能是因为过度的浪费而导致开销过大。所以想要解决公司收支不平衡的问题，最有效的方法是严格控制各部门的资金支出情况，在工作中避免浪费和器材过度损耗。

有时，麦肯锡人也会同时采用两种结构，先用正金字塔的结构对客户所提出的众多问题进行分析和处理，找出问题中的根本原因，再将所得到的多个原因用倒金字塔的结构进行整理和归纳，最后得出客户最需要解决的问题。比如客户提出公司内部存在多种问题，包括员工的工作效率问题、公司的流程问题、客源不足问题、资金不足问题，以及开销过大问题时，麦肯锡人就会先对这些个别问题进行正金字塔结构的分析，并分析这些问题之间的关系，然后再运用倒金字塔结构，对得出的各种原因进行一个归类和统计，提炼出它们之间的共同原因，再针对这些共同原因提出解决方案。

金字塔结构的两种类型不但可以应用在企业管理中，也可以应用在生活中的各个方面。除了在本节开头提到的写作，金字塔结构也可以作

为我们与人谈话的一种方式。

有些时候，我们需要在谈话的一开始就点明我们的立场，无论对方是否认可，我们都必须将我们的观点摆在他们面前，让他们知道我们就是这样的观点。之后，我们对自己的观点进行逐一递进的解释和分析，让听者按照我们的逻辑去思考，虽然他们可能不赞成我们的观点，但也不能认为我们的逻辑是错的。

在另一些时候，我们则需要运用不同的方式去表达我们的观点。父母在对孩子劝说时便是如此。如果我们一开始就以一种非常正式的语气与孩子谈话，告诉孩子他们的想法和做法是错误的，孩子可能会因不赞成我们的观点而表现出排斥。但是我们若是换一种方式去与其交流，先举一些实例，让孩子在实例中了解到我们的意图，之后再对我们的观点进行总结，那么他们就更容易接受我们的观点。即使仍然不能接受，他们也不会表现出严重的排斥。

麦肯锡认为，灵活运用金字塔结构的两种类型，可以使我们具备更灵敏的思考力，更优秀的与人交流的能力，以及更强的办事能力。但是在运用这两种类型的金字塔结构时，我们应该遵循逻辑的基本原则，以及金字塔结构的基本特征，不可以在同一个时段里既使用正金字塔结构，又使用倒金字塔结构。

举个例子，当我们在解释自己为什么会迟到时，我们可以运用倒金字塔结构，将所有的原因都列举出来，比如早上闹钟没有响（导致自己起晚了），出门的时候没有赶上公交车（导致错过了最佳上班时间），之后乘坐的公交车中途坏了（导致多花费了等车的时间），下车的时候又扭了脚（导致行动不便，行走缓慢）。最后再说明是这些原因导致了自己迟到。这样的解释虽然过于巧合，却合情合理，并且逻辑上没有问题，容易被人接受。

[illegible]了，然后陈述导致自己迟到的种种原因，首先是自己起晚了（因为闹钟没有响），其次是错过了最佳上班时间（因为没有赶上公交车），之后发生了不可抗拒的意外（因为公交车坏了），最后因为自己走得太慢（因为下车时扭了脚）。这样的表述也是可以被人接受的。

如果我们在解释时，先说自己起晚了导致迟到，那么听的人心中就会认为迟到的主要原因是起晚了。此时，再去解释自己为什么会起晚了，并添加其他的原因，那么听的人就会觉得我们是在有意找借口，也会觉得之后的理由是编出来的。因为如果一个人所言都属实，那么他表述时的逻辑就应该是有序的，而当一个人所言都为虚构时，那么他表述时的逻辑就是混乱的。

在麦肯锡公司，运用金字塔结构处理问题是极其常见的事情。对于麦肯锡人来说，很多已知的事情只要代入金字塔的结构，其逻辑就可以清晰地显现出来，有助于他们进行分析和处理。无论正金字塔结构还是倒金字塔结构，只要代入的过程没有问题，那么得到的结果就一定是正确的。同样，当他们想要表达自己的观点时，只要根据客户的特点选择能够被他们接受的金字塔结构，他们就能令客户明白他们想要表达的根本问题。

3. 金字塔结构的子结构之间存在着纵向关系和横向关系

麦肯锡指出，在金字塔子结构中，各种思想之间的逻辑关系非常简单，只有纵向关系和横向关系两种。因为金字塔的结构是立体的，既有纵向延伸，也有横向发展，所以通常情况下，这两种关系同时存在着。

纵向关系的存在很明显，所有逻辑之间的上下关系都属于纵向关系。比如递进关系、因果关系、时间关系和举例关系等。放在金字塔结构中，纵向关系指的就是从上向下的延伸关系和从属关系。下面的内容是根据上面的内容而拓展或总结出来的。

说者在表述下一层的内容时，既要回答上一层中抛出的疑问，又要确保这一回答符合表述的逻辑。在这一过程中，说者需要运用到两种逻辑关系，分别是归纳和演绎，其主要目的是确保下一层的各内容之间都与上一层有着相同的逻辑关系，能够由下一层的各内容总结出上一层的结论，或者确保上一层的各内容之间都与下一层有着相同的逻辑关系，能够由上一层的各内容总结出下一层的结论。

纵向关系比较容易吸引人们的注意力，让听者听到上面的内容时，心中就会产生疑问，想要知道下面的内容，这样便给了说者一个继续说下去的机会。在很多情况下，能够引起听者的兴趣都非常关键。这就好比我们给一个人讲故事时，当我们说了开头后，听故事的人却一副没兴趣的表情，也不去问我们为什么会这样，那么我们这个故事就没有了继续讲下去的意义。

但若是我们先说出故事中最能引人深思的内容，之后再去围绕这一内容进行详细的讲述，对方就会流露出好奇的神色，这也就说明他对我们的故事有兴趣，我们可以继续讲下去。之后，我们就可以按照我们的逻辑，引导着对方一直跟着我们的思路听下去，一直听到故事结束。

的观点表示“赞成”或“反对”即可，而不需要再去就他的观点展开辩论。因为按照对方的逻辑，他所提出的观点有理有据，是完全可行的。

比如说我们想要向其他人表达我们的一个观点，那么我们就要让听的人先对我们表达的观点产生兴趣或思考，只要对方开始思考为什么我们会这么说，那么我们的目的就达到了。接下来，只要展示出我们的逻辑，让对方明白我们为什么会这么说，即使对方对我们的观点仍然不赞成，或者对我们的逻辑表示不赞成，他至少能够明白我们的逻辑是怎样运行的，也可以明白我们为什么会得出这样的结论。

马克有一个关于纽扣加工的项目，他希望有人给他投资，于是找到多位投资者，向他们讲述了他的项目。然而每一次，他刚开始说没多久，对方的脸上就流露出了不感兴趣的神情。向麦肯锡公司求助后，马克改变了自己的讲述方式，不再一开始就对投资者说“我有一个关于纽扣加工的项目”，而是改用“您衣袖上的纽扣很漂亮，但我有一个办法让您的纽扣变得独一无二，更显您的身份”作为开场白。当对方好奇缺少了什么特点时，他再一层层展开，说明自己的想法是为每个人制作独一无二的纽扣，比如在纽扣上刻上所有者的名字缩写等。

马克在说明自己项目时改变了纵向关系，先提出了新颖的想法，之后介绍了这一想法的好处和具体实施，最后才介绍这是自己项目的名称，得到了比之前更好的效果。

横向关系的存在就没有那么明显，有时甚至还会被人们忽略，比如并列关系、对比关系、列举关系等。放在金字塔结构中，横向关系指的就是处于同一层但所属于不同分支的列举关系。

在日常生活中，横向关系很难引起人们的重视，但在麦肯锡公司，横向关系也是一种非常重要的，值得他们关注的关系。虽然这种关系表面上看对事情的发展起不到什么关键作用，但仔细研究后就会发现，正是这些看似没有什么特别的关系组成了金字塔结构的底座，让金字塔结构变得更加丰满和扎实。

以公司发展为例。纵向关系好比上级与下级之间的关系，上级负责给下级分配任务，下级需要服从上级。横向关系好比员工与员工之间的关系，员工之间相处得不融洽，整日钩心斗角，相互排挤，那么公司必然不可能顺利发展。

在一家公司中，各部门的员工地位应是平等的，采购部和销售部，财务部和后勤部，从表面上看互不相干，但从公司的整体来看，这些部门既然都是公司的下属部门，那么任何一个部门发生问题，都会直接影响整个公司的运营。采购部发生问题，会导致公司的采购不顺畅，或者采购失误，造成资金上的损失；销售部发生问题，会导致公司的产品销售不畅，影响公司的盈利；财务部发生问题，会导致资金运转不畅，项目无法运行；后勤部发生问题，会导致公司的基础保障不足，影响日常工作。

在逻辑关系中，横向关系主要体现在点与点之间的关系上。比如在一个金字塔结构中，第一层是主题，第二层有三个点，每一个点的下面又有三个点，那么第二层的三个点之间就是横向关系，这三个点之间必须有一致性，与第一层的主题关系也是相同的。若第一个点与主题之间是因果关系，那么其他两个点与主题之间都应该是因果关系。同理，若第二层第一点下面的三个点与第二层的第一点之间是递进关系，那么第二层第二点下面的三个点与第二层第二点，第二层第三点下面的三个点与第二层第三点之间的关系也应是递进关系。

在麦肯锡看来，想要构建一个稳定的金字塔结构，就必须对同一层中不同点之间的横向关系加以重视。要确保每一层的不同点之间都有合理的逻辑关系，同时还要确保它们与它们的上一层，以及它们和它们的下一层之间的逻辑关系是正确的。否则，它们就无法对顶端的点产生支撑的效果，还有可能导致发展方向的偏移。

在横向关系中，点与点之间不能存在矛盾，即使是属于不同层的点，也应在主方向上保持一致。比如在第一分支的第二层中提到成功的关键在于克服一切困难，而在第二分支的第三层中提到克服一切困难不是成功的关键，那么这两个点之间的横向关系就不正确。

按照麦肯锡的思维，在一篇报告中，纵向关系和横向关系同时对报告的主题起着重要作用。想要确保纵向关系和横向关系都是正确的，那么在报告开始前，我们必须先将自己要表达的思想梳理清楚。

在一份建议购买一家公司的特许经营权的报告中，作者先列举了三个理由：这家公司会快速发展，将产生经济效益，以及这家公司非常容易管理。之后，作者对每一个理由都进行了说明：该公司在市场中占有非常大的份额，并且几乎不需要面对零售竞争，所以一定可以快速发展；该公司成本低，销售额增长，利润也在增长，这些因素必会使它产生经济效益；从公司内部来看，该公司拥有独立的业务，管理起来流程非常简单，而且不需要额外增加管理人员。

在这份报告中，我们可以看到作者的思路非常清晰，他首先将自己要表达的观点提出，之后又阐述了自己的理由，而且理由与理由之间逻辑关系正确，所以，当有人对他的观点提出质疑时，他只要将这份报告摆在对方面前，就可以让对方无话可说。即使对方仍然质疑，也只是质疑他的内容，而不是他的逻辑。这说明这篇报告在纵向关系上没有问题。

再来看他这篇报告中各点之间的逻辑，第一点下方的两个论据与第一点是解释说明的关系，其他两点下方的论据与它们所属的点也是解释说明的关系。这就说明了这篇报告从横向关系来看也是没有问题的。

运用麦肯锡的思维，当一份报告无论纵向关系还是横向关系都没有问题时，这篇报告在逻辑关系上就不存在问题。所以在撰写报告时，确保纵向关系和横向关系的正确是十分必要的。

4. 用自上而下和自下而上两种方法构建金字塔结构

金字塔结构的构建方法主要有两种，分别是自上而下进行构建和自下而上进行构建。相比之下，自上而下的方法比较容易，因为用这种方法构建金字塔时，人们最先思考的内容是最容易确定的事情，之后才是根据这一已确定的事推出其他事。

运用自上而下的方法进行构建时，麦肯锡建议我们先画出一个主题方框。之后在这一方框下画出数个分支以及分支方框，就这样一层一层画下去。之后，我们可以在每一个方框中填入相应的内容，让这些方框最终成为一个完整的框架。那么我们的金字塔结构也就构建好了。

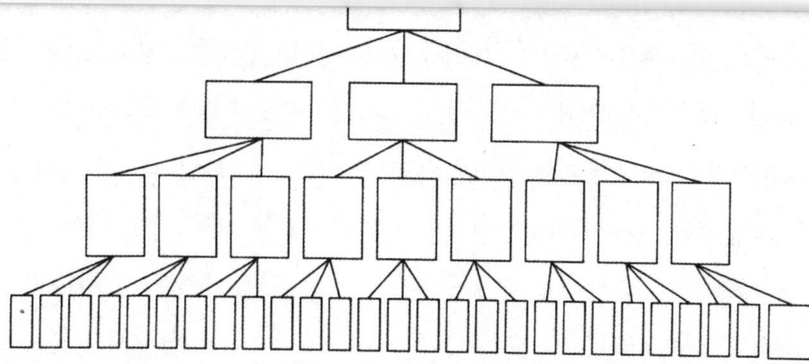

最上方的方框中应填入的内容是主题。麦肯锡建议，当我们确定自己要讨论什么主题时，可以在最上方的一个方框中填入主题内容；当我们还不确定自己要讨论什么主题时，可以直接进入下一个步骤。需要注意一点，在我们确定主题时，头脑中一定要对其他人可能提出的问题有一定的了解，并且设想出一些用来解答这些问题的答案。我们还要找出合理的论据推翻其他人的这些质疑，以证明我们的观点是成立的。

自上而下构建金字塔结构的方式比较常见，最常见的是在各种辩论赛中，人们采用的先抛出自己的论点，再详细举出多个论据，对自己的论点进行支持的方式，就是一种自上而下的构建金字塔结构的方式。

比如正方在辩论开始时先提出工作能力比工作态度更重要这一观点，之后列举了三个论据：真正创造价值的是工作能力而不是工作态度；同样的工作分别交给工作能力强的人和工作态度好的人去做，工作能力强的人可以节省大量的时间，提高工作效率；工作能力强的人更容易适应外界环境的变化，及时克服工作中遇到的困难，避免问题扩大化。这样可以让反方辩友对他们的观点一目了然，并且针对他们的论据做出相应的反驳。

除了辩论赛，还有一件事也能对这种建构方式进行直接体现，那就是写作。每个人在刚刚开始学习写作文时，都会被老师要求先根据题目写出主要内容和段落大纲，然后再去扩充每一段的具体内容，其目的是避免我们跑题。大学后，一些专业经常需要学生们写一些小论文，其要求也是如此，要先列纲要，再写内容。至于毕业论文就更不用说，学生必须先写出摘要和目录，交给老师审核，如果老师认为摘要和目录没有问题，学生才可以进行正式的论文写作。

在麦肯锡，咨询顾问们虽然不需要写作文或者论文，但是他们经常需要撰写一些书面报告，在写书面报告的过程中，他们采用的就是这种自上而下的构建方式。因为只有通过这种方式写出的报告，才能让读报告的人在最短的时间内明白报告中所表述的主旨和内容。

需要注意的是，在自上而下进行构建时，各部分之间的逻辑关系必须清晰准确。处于同一层的不同节之间要有绝对的并列逻辑关系，比如上一层为蔬菜，那么下一层中可以出现茄子、白菜或黄瓜，但绝对不可以出现桃子、葡萄或香蕉。至于上一层与下一层之间的关系，则要根据构建的基本顺序来决定。

构建的基本顺序有四种，分别是演绎顺序、时间顺序、结构顺序和程度顺序。演绎顺序即前提和结论的顺序，先说前提，再说结论。时间顺序是指事情发生的先后顺序，先发生的事情先叙述，后发生的事情后叙述。结构顺序是指空间上的顺序，按照同一件物体的结构顺序或位置顺序进行叙述。程度顺序是指事情的重要程度，重要程度强的先说，重要程度弱的后说。

按照麦肯锡的逻辑，当第一层讲的是天气寒冷时，那么第二层若讲的是河里的水结了冰，或者街上的人们穿得很厚，都是符合演绎顺序的。但如果第二层讲的是露西非常想念远方的朋友，那么两层之间就是不符合演绎顺序的。反过来，如果第一层讲的是露西很想念远方的朋友，那么第二层就应该去说明为什么露西会想念远方的朋友，以及是什么导致她想念远方的朋友。

按照时间顺序进行构建时，上下两层之间需要有绝对的先后关系，并且要一直保持下去。按照麦肯锡的逻辑，在讲述一件事情时，想要确保对方能够尽快明白，最好选择正叙的方式，而不要采用倒叙或插叙。比如在讲述一天之中发生的事时，第二层中事件发生的时间必须在第一层事件发生之后，并且接下来每一层的事件在时间上都要比上一层在时间上有所后移。不能在讲述途中将时间突然跳到前一天，甚至更久之前，然后再跳回到事发当天。否则听者的思维就会发生混乱。

按照结构顺序进行构建时，上下两层之间需要有结构上的顺序，比如在描述一个人的外貌时，可以按照从五官到脖子、手臂、手指、腿，最后到脚的顺序写，也可以反过来，但是不能按照先写脖子，然后写脚，再写头的顺序写。我们也可以按照从整体到部分的顺序去写，先写这个人整体看起来如何，再对他个别部分进行细节描写，但是不能写几句整体，再写几句细节，之后又写几句整体。

按照程度顺序进行构建时，上下两层之间需要有程度上的顺序，先重后轻，或者先轻后重，不可时轻时重交替进行。比如在讲述火灾的危害时，第一层讲述火灾会对人们的生活带去影响，那么第二层就应该具体列举一些事例，比如火灾会造成人们的财产损失，会对人们的身体造成伤害，会产生气体和粉尘污染等。

如果同一层内的两节之间不存在绝对的并列逻辑关系，或者上下两层之间不存在上述的四种顺序关系，那么这次构建就是失败的。

麦肯锡指出，日常生活中，由于不同的人所具有的思维方式不一样，受到的教育也不同，因此很多时候，我们所认为的逻辑并不能与其他人达成共识。我们想要通过列举多个事例的方式作为铺垫，最后总结出我们的观点，可是在他人听来，每个事例中都有多个可以引发他们思考的因素，他们会因为不知道究竟应该将注意力集中在哪一点上而感到迷惑。从这一点上来看，自上而下的方式比较适合我们应用。

那么自下而上的方法可以应用在什么地方呢？自下而上的方法属于一种比较复杂的方式。上文中我们提到，当我们无法确定主题时，我们可以先跳过这一步骤，先进行下面的罗列，而当我们接连跳过了几步都仍然没有找到主题时，那么此时我们需要进行的就是自下而上的建构了。也就是说，对已有的思想要点进行逻辑关系判断和总结，最后倒推出结论。

首先，我们需要做的是列出所有的要点。麦肯锡人一旦在工作中遇到这种暂时找不到主题的情况，就会先将眼前所有的问题和解决方法都一一列出，再去研究问题与问题之间，问题与解决方法之间是否存在某些逻辑关系。一旦发现问题之间的因果关系，就可以将这些问题分层处理，完善金字塔结构。最后，根据这些就可以推出结论，也就是位于金字塔结构最上端的主题。

在自下而上构建金字塔结构的时候，我们同样需要遵循上面提到的演绎顺序、时间顺序、结构顺序和程度顺序这四种顺序进行构建。当两[illegible]同一层。

有人认为逻辑关联性与个人的表达风格有关，而事实恰恰相反。麦肯锡指出，真正导致逻辑关联性混乱的不是表达风格，而是没有按照金字塔结构去对材料进行组织和思考。在麦肯锡咨询顾问的指导下，一位员工将自己看起来逻辑混乱的工作日志按照金字塔结构重新组织了一遍，竟然将它变成了一篇结构明确、条理清晰、逻辑关系严谨的短篇工作报告。

在报告中，该员工列举了公司目前面临的几点重大问题，说明了原因，并给出了相应的解决方案。他的表达风格几乎没有变化，只是增加了几个精练的小标题，并去掉了一些对阐明观点没有帮助的句子。公司主管对他的报告非常欣赏，并对他提出的建议表示了奖励。由此可见，只要掌握好构建金字塔结构的方式，同时在表达个人观点和进行总结时运用好这种结构，对我们工作是非常有帮助的。

5. 金字塔结构的优点

人的大脑有一个特点，就是会将有共性的事物自然地联系在一起，并将有这些共性的事物按照共性组织起来，将它们视为一个整体。比如我们问一个刚从公园回来的人，在公园都见到了什么人时，对方可能会回答我们“老人、年轻人和小孩”，或者“男人和女人”。这就是一种将共性组织起来的表现。

当我们再去详细问对方，见到的人都在做什么时，对方回答起来就会比较困难，因为他们脑中的信息量太大，又过于零散，所以很难清晰地表述出看到的所有事情。然而，若是我们让他只描述有代表性的几组人的行为时，回答就会变得清晰得多。对方会告诉我们，一个小孩子正在骑自行车，他的家人在一边扶着他；湖边有一群年轻人在野餐，他们一边聊天，一边开心地笑；两位老人相互搀扶着在小路上散步等。

按照麦肯锡的逻辑，上述的提问和回答过程已经建立了多个金字塔结构。首先，去公园见到的人可以作为金字塔的顶端内容，也是整个事情在讲述过程中围绕的中心，而见到的三种类型的人就是这个顶端下属的三个分支。之后，见到的不同类型的人都在做什么，又是每一个类型的人下面的分支。虽然这些分支并不能代表全部，但它们确实已经建立了一个简易的金字塔结构。

如果上述例子中，被提问的人能够将在公园见到的所有人的行为都观察得很清楚，并全部记录下来，那么这个金字塔的结构也就会变得非常庞大。公园里的人下面可能分为老年人、中年人、青年人和小孩子，老年人下面可分为散步的老年人、打太极的老年人、晒太阳的老年人等，中年人下面可分为跑步的中年人、打拳的中年人、打羽毛球的中年人等，青年人下面可分为野餐的青年人、玩滑板的青年人、游泳的青年人等，小孩子下面可分为骑自行车的小孩子、奔跑着游戏的小孩子、爬健身器的小孩子等。

由此可见，金字塔结构的优点之一，是能够将所见到的事物有条理地组织在一起，这样不但有助于记忆，也能在向别人讲述所见的时候不至于没有逻辑，令听者一头雾水。就像我们平时给别人讲故事时，如果我们按照上面的金字塔结构去讲，先讲主线，然后再去细讲每一条支

果我们第一条支线还没有讲完，就跳到了第三条支线，然后又跳到第五条支线，那么听的人就会因听不懂而失去兴趣。

麦肯锡指出，金字塔结构还可以帮助我们理清事物之间的逻辑关系。我们换个例子，当我们身处超市之中，思考我们应该买什么东西的时候，我们往往会遗漏一些东西，直到我们走出超市，才发现自己有许多需要的东西没有买。造成这一问题的原因就是我们没有按照金字塔结构去思考问题。

如果我们按照金字塔结构去进行思考，我们就可以将要买的东西事先列在单子上，并且分门别类地列出来。比如下面的这个列表。

洗护用品：洗发水、沐浴乳、润肤露。

蔬菜：茄子、土豆、黄瓜、紫甘蓝。

水果：苹果、橙子、西瓜。

生活用品：洗衣液、卷纸。

当我们手中拥有了这样一份购物清单后，我们就不可能再因为思维混乱而忘记购买一些必需品了。

金字塔结构还可以帮助我们分析问题，解决困难。当我们面对一个巨大的问题时，想要直接将它解决十分困难，更多情况下，我们甚至摸不清头绪，不知应该从哪里入手。但是当我们将这个问题分解成若干个小问题，再对每一个小问题采取逐一击破的方式，那么解决这一困难的

过程就会变得简单许多。这就好比我们无法轻易将一捆筷子折断，却可以逐一将每一支筷子折断一样。

在麦肯锡公司中，每一位咨询顾问都十分擅长用金字塔结构进行思考和表达。当一个问题摆在他们面前时，他们就是运用金字塔思维结构，找出其中的主要问题，之后再对主要问题进行分析，列出每一个分支问题的内容，进而去寻找对应每一个分支问题的解决方式。

有一次，一位装饰公司的经理去麦肯锡公司寻求帮助。这位经理说，他们之前负责了一个项目，是在指定时间内完成一家食品企业大楼的装饰工程。项目提前结束后，该食品企业在验收时发现所有室内玻璃都用错了材料，于是不肯支付尾款，并要求他们赔偿重新装饰的损失。如果公司拿不到尾款并按照要求赔偿，公司就面临倒闭的危险，所以经理希望麦肯锡可以帮助他渡过这个难关。

从表面上来看，这位企业家所提出的是一项不可能完成的任务，然而麦肯锡与这位企业家继续交谈了一段时间，对该项目出现的问题进行了深入的了解，发现其主要原因有两点：其一，食品企业曾在一次视察过程中发现该装饰公司的负责人在睡觉，并且对食品企业的视察人员无礼；其二，食品企业视察人员发现该装饰公司安装的室内玻璃用错了材料。

由于该装饰公司并没有在施工质量方面出现问题，因此麦肯锡断定，其根本的原因在于该装饰公司负责人失职，令食品企业对他们的施工质量产生了怀疑。再加上他们使用的玻璃材料有误，所以食品企业不肯让他们弥补这个错误，并要求他们赔偿重新聘请装饰公司的损失。

麦肯锡的咨询顾问建议这位经理分别解决这两个问题，因为工期还没有结束，只要他们能够在工期结束之前将这两个问题解决，食品公司就没有理由拒绝支付尾款，也没理由要求他们进行赔偿。经理回到公司，一边让该项目的负责人上门道歉，承担起应负的责任，一边与食品公司的相关人员进行交涉，提出会在工期结束之前完成玻璃的更换工作。最后双方达成协议，只要装饰公司能够在工期内完成玻璃的更换工作，食品公司就会按时支付他们尾款，也不要求他们赔偿。

在任务分配方面，麦肯锡指出，在工作中运用金字塔结构可以更有效地将工作分配给适当的人，避免工作堆积或重叠。一名不懂得应用金字塔结构的管理者在进行工作分配时，极有可能发生将同一份可以由一名员工完成的任务分配给了两名员工，以至于当这两名员工共同负责的任务发生问题时，找不到根本的责任人。不懂金字塔结构，还有可能给一名员工分配了过多的任务，最后导致该员工哪项任务都完不成，影响项目整体进度。

在一场婚礼的准备工作中，策划师约翰凭着自己多年从事策划的经验，没有事先对工作人员进行金字塔结构分配，而是到了现场才给工作人员分配工作，而他分配的方式也比较笼统，没有具体安排哪些人做什么事，而是直接挑了两个人做接待，指派了三个人去后台准备食材，又指派了五个人在现场负责食品的补充。五个被安排补充食品的人由于没有被具体安排负责什么食品，于是在补充食品时出现了一些混乱，往往两三个人一起去取同一样食品，而另一样缺少的食品却没有人去取。

约翰还忽略了一件事，负责灯光的山姆当天有事不能到场，虽然摄像师杰克也能负责灯光的工作，但是这样一来，摄像师又少了一名。最后，约翰只得让杰克先调试灯光，由自己临时代替杰克，与另一位摄像师分别进行拍摄。婚礼正进行到一半，有工作人员说饮品方面出了点小问题，请约翰过去看一看，约翰只好把摄像机架好机位，又随口叫了一名工作人员帮他照看设备，便赶去解决问题。

金字塔结构还有一个优点在于其具有规律性，并且每两层结构之间都有着明确而紧密的逻辑关系。金字塔结构的这一优点主要体现在能够让人与人之间的沟通更加顺畅。麦肯锡指出，当人们在表达观点或陈述事件时，如果所说的内容前后之间没有明确的逻辑关系，或是所讲的整体内容中逻辑关系混乱，那么听者就需要一边听，一边对信息进行整理和重组，这无疑加大了听者的思维负担，并增加了听者对信息进行理解时的难度。运用金字塔结构则不同，当整个思路呈金字塔形向下展开时，所有条理都会变得非常清晰，听者也会感到内容比较容易懂。

此外，金字塔结构思维还可以提升人们的思维能力，平衡左脑和右脑的应用，提高思考问题时的效率。在讲话时，使用金字塔的基本原则可以避免烦冗啰唆的表述，让自己的表达更加清晰，更加容易被听众接受，能够在人们面前留下条理清晰、干练的形象。

6. 金字塔结构的实际运用技巧分析

金字塔结构可应用于生活中的方方面面，这一结构可以帮助我们解决许多问题，也有助于我们对一些事情进行分析和安排，最后得到最佳解决方案。

贝拉想在周末举办一场同学会，但是皮特说本周六有事，不能参加同学聚会；麦森说他本周六或者周日都有时间，但是周日晚上他需要早一些回家；玛丽说她正在外地谈一笔项目，周日上午才能回来。贝拉想将聚餐的地点选在环境优雅的新海岸饭店，但所有大型包房周日都已被人预订，只有一个包房在中午时可以有大约两个小时的空闲。如果大家不介意，可以缩短吃饭时间，之后转场去其他的地方继续聊天交谈。

贝拉运用金字塔结构将此事重新组织，得出结论，将同学会聚餐的时间定为周日中午，地点为新海岸饭店。其理由为：皮特和麦森的时间都比较方便，玛丽也有时间参加，饭店在此时刚好有空闲的包房。

金字塔结构的主要应用可以四种形式表达出来，分别是表达逻辑、思考逻辑、解决问题的逻辑，以及演示的逻辑。上述案例就是一个有关金字塔结构的实际运用。麦肯锡人认为，在这个案例中，贝拉将金字塔结构应用于思考逻辑中，将整件事情的各项关系分得很清楚，于是得出了最恰当的结论。

从类型上看，贝拉所采用的是倒金字塔结构，先列举出所有的条件，然后从这些条件中提炼出所有人都可参加的时间以及饭店可用的时间，最后定下具体的聚会时间。从结构上看，此案例中皮特、麦森和玛丽的空闲时间之间是横向关系，这些时间都决定了是否所有人都能参加。这三人的空闲时间与聚会时间之间是纵向关系，与饭店可用的时间是横向关系。只有当所选择的时间与这三人的空闲时间都能符合，并且与饭店可用的时间符合时，结果才可以成立。

根据麦肯锡思维，在上述案例中运用金字塔结构的好处主要在于能够帮助主办人理清思路，节省时间，减少麻烦。同学会是一项十分普遍的集体活动，通常情况下，主办人员会希望所有被邀请到的同学都能够参加，所以不会一下敲定具体时间，而是会在定时间时征求一下大家的意见。而当有多个人在时间安排上发生冲突时，定时间就成了非常麻烦的事情。如果不使用金字塔结构将大家不方便的时间进行统计，就会出现每定一次时间，都有一到多人无法参加的情况发生。

在建立此类金字塔结构时，若是发现一些人在时间上实在有冲突，无法全部到场，可以以顾全大部分人的时间为标准。比如上述例子中，若是皮特只有周六有时间，而麦森只有周日上午有时间，而玛丽只有周日下午有时间，其他人周六和周日都有时间，那么从顾全大部分人时间的角度来看，聚会的时间就应定在周六。

金字塔结构在表达方面的应用也非常广泛。无论正金字塔结构还是倒金字塔结构，只要我们应用得当，就能产生优势。

表达和沟通的能力主要有口头沟通能力和书面沟通能力两种。对于一些人来说，当他们用文字进行表达时，他们会感到很轻松，而一旦让他们用语言进行表达，他们就会感到十分辛苦。这是因为他们习惯了在写作时，用长句子去描述一些事情，于是在讲话时，他们也延续了这一习惯，无法用简洁、直接的方式去进行描述。

麦肯锡建议我们在表达时运用金字塔结构对表达的内容进行精简，即使进行文字形式的表达，也要尽量避免过多使用不普遍的词汇和句子结构，确定每一个点都要简洁明了后，再适当进行内容上的丰富。

冗长的学术化描述本就容易令听者产生疑惑，而当说者与听者所具有的逻辑思维结构不同时，沟通障碍就更容易产生。比如对于一名习惯了正向逻辑思维的人来说，如果有人用逆向的逻辑思维与他交谈，即使交谈的内容十分生动有趣，他也很难明白对方的意思，只觉得对方说得过于间接和曲折。

麦肯锡人认为，想要改变这种情况，最直接的方法是让说者改变自己逻辑思维的结构，使它与听众的理解结构形成一致性。当说者与听

即使说者的语言非常冗长，表述非常复杂，听者也能够按照逻辑去明白说者的大意。但这样做十分困难，因为每个人都已有特定的逻辑思维，所以，在交流时突出主旨，让对方先明白自己要表达的主要内容更为可行。

在金字塔结构中，每一层的思想都是对下一层的提炼和总结，这是无可厚非的。麦肯锡人眼中的总结并非只是缺乏思想的句子，比如“我们下个季度要提高我们的生产效率”，或者“我们目前面临的主要问题有三点”，而应该是“我们下个季度要从工作时间和工作质量两方面提高我们的生产效率”，或者“我们目前面临的主要有人手不足、资金短缺和客户对我们不信任三个问题”。

在运用金字塔结构进行总结时，麦肯锡建议我们，一定要使用明确的词汇或句子来说明行动产生的结果或目标，这样不但有助于听者能够快速直接抓住我们话中的主旨，还有助于我们自己时刻明确自己的思想，给自己列出一个大纲。

模糊的缺乏思想的句子产生于不完全的思考，这种不完全的思考会导致我们接下来所阐述的内容逻辑混乱，或者完全没有逻辑可言。在进行正金字塔结构时，有了明确的总结性语言，才能保证接下来的阐述条理清晰，并且能够被听者接受。否则，听者极容易产生误会，将听到的第一个阐述视为主要内容，而忽略之后的阐述，还有可能让我们在阐述

的过程中跑题。

接下来，我们需要对行动的每一步进行明确区分。麦肯锡提醒我们，切记不要把原因和结果放在同一个层次上。

在判断层次顺序时，我们可以根据时间顺序进行判断。比如我们每天早上醒来后，要先起床，然后穿衣、洗漱、吃早饭，最后才能出门。从时间上看，起床是醒来之后的第一件事，穿衣、洗漱和吃早饭都必须在这一动作完成之后才可以进行，所以起床应该排在最上一层。穿衣、洗漱和吃早饭之间没有严格意义上的时间顺序，虽然大多数人都是先穿衣然后才会进行洗漱，最后是吃早饭，但这几件事的先后顺序不会对出门这件事产生任何影响。

我们也可根据结构顺序和程度顺序进行判断。我们做每一件事时，最先要做的往往是最基础的。所以，我们必须先明确哪些是最基础的，这样才可以使我们进行时不至于混乱。当某一项行动的产生对后一项行动起着决定性因素时，那么这项行动就是后一项行动的原因，与后一项行动分属于两个层次；当某一项行动不会对后一项行动起决定性因素，那么这项行动与后一项行动之间就不存在因果关系，可以放在同一个层次。

在运用金字塔结构时，我们还应当注意，要找出结构上的共性以及句子之间是否有更密切的关系。这一过程也有助于完善我们的思考流程，当确定了这些之后，我们就可以对这些信息进行提炼，从而得到最精练的思想，对问题进行解决。

金字塔结构一旦构建成功，各部分之间的逻辑就有着非常紧密的联系，此时若是突然抽走或添加一部分，都有可能打乱金字塔的整个结构，造成坍塌。在运用金字塔结构进行工作分配时，麦肯锡建议我们一定要态度严谨，将工作的内容考虑全面，避免有遗漏的部分。

在构建金字塔结构时，我们可以先运用从下往上的方式，构建一个倒金字塔结构，之后再以从上往下的方式构建一个正金字塔结构。构建倒金字塔结构时，我们应把工作中所有涉及的内容都列出来，然后对它们进行归纳，由此确定哪些内容需要分给哪些部门。在构建正金字塔结构时，我们可根据内容的性质按部门进行分配。分配到各部门之后，各部门的人再将内容细化，具体分配到部门的每一个人。

如果任务主分配者不清楚每一个内容中涉及的问题，只是将大概的任务分配给某个部门，那么任务分配到部门中，再具体分配给具体人员时，可能会发生有些任务本部门的人解决不了，还需要向其他部门求助的情况。而其他部门的人手中已有分配好的任务，也无法分出大量精力去协助求助者。按照上述的方式，先从下往上构建倒金字塔结构，再从上往下构建正金字塔结构，那么任务的主分配者就能更清楚任务的每个部门都涉及哪些方面，提前安排好各部门之间的合作和协调。

第八章

反直觉思考，从问题本身出发

生活中，我们遇到的各种各样问题，从表象上来看五花八门，而究其根本，却逃不出那些条条框框。反直觉思考的根本就是从问题本身出发，而不是从问题的表象出发。当我们过于依赖直觉时，可能会忽略一些问题的根本，做出一些错误的决定。而当我们运用反直觉思考时，就能剥开迷惑我们的表象，看到问题的根本所在，找出最有效的解决问题的方法。这种方法有助于我们减少决策的风险，也有助于我们取得成功。

1. 生活经验给你带来的假象

生活给了我们经历，让我们从中得到了许多经验。这些经验有些时候确实能对我们的生活产生一定的帮助，但有些时候，这些经验也并不完全准确，如果我们过于相信生活经验，我们就很有可能走入一个误区。

麦肯锡提醒我们，不要过于相信生活经验，因为生活经验有时会给我们带来一些假象。这些假象从表面上看非常有道理，可以让我们的生活过得更好，或让我们更顺利地达到某一目标，但我们只要对这些假象进行深入的研究和推敲，就会发现其中存在不少漏洞，不但不能让我们的生活变好，反而会让我们的生活陷入困境。

1919年，一个名为查尔斯·庞兹的意大利人推出了一项投资计划，据他所说，只要购买欧洲的某种邮政票据，再卖给美国，便可以赚钱，而且参与他这项投资计划的人只需要45天，就可以得到至少40%的利润回报。起初，人们虽然被巨大的利润所吸引，却对他的这一计划持怀疑态度，然而当他们看到不到两个月的时候，第一批投资者真的得到了庞兹承诺的回报后，他们再也按捺不住想要快速获利的念头，纷纷参与了投资，将钱交给了庞兹。

仅仅一年，庞兹一共收到了大约1.5亿美元的小额投资。他将这些投资中极小的一部分作为先期投资者的“利润”，分发到他们手中，从而吸引更多的投资者，并将大部分投资收入自己的口袋，用来购买房产和奢侈品等。然而事实上，庞兹所谓的投资项目并不存在。这就是历史上最有名的“庞氏骗局”。

“庞氏骗局”是20世纪最典型的骗局，其采用的运行模式便是构建一个金字塔结构的投资链，由上线发展下线，不断吸引更多的投资者，并将新吸入的钱作为“利润”返还给早一批的投资者。当有新投资者加入时，早一批的投资者才能收到利润。一旦找不到新的投资者，无法吸入新的投资，那么这个金字塔就会坍塌。

人们谈到“庞氏骗局”时，大多认为被骗者全都是对投资一无所知，只想要投机赚钱的人，而事实却不是这样。麦肯锡人发现，在这些受骗的人当中，有一些人并不是对投资一无所知，恰恰相反，他们拥有很聪明的头脑，并且拥有很高的声望，只是因为太过相信自己的经验，相信眼见为实，才会无形之中被利用，成了骗子的帮凶。

事实证明，很多时候人们之所以会犯错，并不是因为事先不曾经历过这样或那样的事情，而是因为他们经历过太多与这些事情相关的事情。在他们的头脑中，这件事情一直都这样做了，并且没有发生过任何问题，所以在以后，只要按照旧的经验去做，就同样不会发生任何问题。就比如在“庞氏骗局”中受骗的大多数人，在他们的经验中，既然已经有许多人在这个项目中获得了巨大的利润，那么这一项目一定是可行的，并且是真实的。所以他们没有对这个项目进行仔细的调查和分析，直接投入了资金。

其实，只要人们对“既然已经有许多人在这个项目中获得了巨大的利润，那么这个项目一定是可行的，并且是真实的”这一论证进行逻辑[illegible]系。可是为什么还是有许多人轻易就下了这样的结论，并且丝毫没有对这一结论产生怀疑呢？麦肯锡指出，这就是人们因经验而形成的直觉在起着作用。

麦肯锡指出，有些时候，因经验而形成的直觉有时只是一种错觉，这种错觉呈现给我们的现象也只是一种假象。有些时候，我们信奉的经验本身是错误的；有些时候，虽然经验是正确的，但我们因此产生的逻辑却是错误的。这两点都是造成我们的直觉其实是错觉的原因。如果我们被这些错觉导致的假象所迷惑，那么我们就会距离事情的本质越来越远，也会离成功越来越远。

每所学校中都会有一些十分聪明但不爱学习的学生，他们平时不喜欢听课，不喜欢认真做习题，而是每到考试前突击复习，大量背题和考试重点，然后凭着自己极强的记忆力在考试中取得不错的成绩。对于这些学生来说，他们拥有丰富的应考经验，所以他们不需要担心考试。然而这一经验其实是错误的。

因为基础不扎实，考完试不久，他们就会忘记背过的知识，所以下一次考试来临时，他们仍需要从头开始复习和背题。此外，考试并不是只考学生的死记硬背，也会考学生的活学活用。这些学生只背下了重点知识，却并不懂得如何应用，所以一旦考试中出现了他们没有接触过的题型，或者需要灵活运用知识的题，他们就极有可能答不上来。

在麦肯锡的逻辑中，即使一件事的结果是正确的，也不能证明这件事发生的过程是合理的。就好比人们第一次学做饭时，有些人是按照菜谱去做的，有些人是凭直觉去做的。虽然最终他们都做出了美味的饭菜，但这并不能说明那些凭着直觉去做的人永远能够凭直觉把饭菜做得美味。即使这些人的每一次尝试都取得了成功，这些成功也不可以成为他们能将菜做好的依据。

错误的经验比较容易识别，造成的假象也容易被人们识破。相比之下，正确的经验更容易令人产生错误的直觉。在前面的章节中，我们曾提到误用传统是一种没有正确运用逻辑思维的表现，并用事实说明，即使有些传统曾为我们的祖辈带去了成功，但这并不能说明它们永远都是对的。当它们不符合时代的发展时，我们就要将它们舍弃。这种误用传统的行为的产生也是受到了因经验而引发的直觉的影响。虽然这些经验并不是当事人本身经历的，但在当事人心中，这些经验的地位是不容动摇的。

在生活中，许多人喜欢强调“经验之谈”，认为自己在某方面经验丰富，所以一定不会在这方面犯下错误。然而麦肯锡人发现，越是经验丰富的人，越容易在与经验有关的事情上犯错，而且越容易犯下大错。

经验总的来说可分为两种，一种是成功的经验，一种是失败的经验。成功的经验过多，容易让人过度自信，直觉上过于乐观；失败的经验过多，容易让人过度胆怯，直觉上过于悲观。

成功经验过多，导致人们过于乐观的案例有许多，比如于2003年美国哥伦比亚号航天飞机突然解体的案例，就是因为人们过于依赖和相信以往的经验，从而忽略了从未发生却一直可能存在的问题——泡沫材料碎片的存在可能对航天飞机造成风险。正常来讲，泡沫材料碎片的存在应该被考虑进事故风险的因素，但美国航空航天局的工程师们经历了太多次顺利的飞行，这些经验使他们产生了一种过于乐观的直觉——他们的飞行不可能出现意外。

失败的经验过多，导致人们过于悲观的案例在生活中也很常见。比如某人在一家公司中担任销售工作半年，却没有卖出一样产品，于是他认为自己不适合从事销售类的工作，从公司辞了职。每当有人再去劝他做销售时，他都立刻拒绝，并以自己曾有的经验为例子，说自己不适合销售的工作。

事实上，这类人当中有很大一部分人之所以会失败，并非因为他们真的没有能力，或者不适合从事某种工作，而是因为他们找错了方向，选错了目标，或者用错了方法。上述例子中的销售失败只是一种表面现象，然而当事人不去追究根本原因，单凭表面现象就认为自己不适合这份工作，这一结论与前提之间的逻辑关系就是不完全的。如果这类人一直抱着这样的观念，那么他们即使从事其他的工作，也极有可能失败。

每个人一生之中都会经历许多的事情，并从中获得各方面的经验。麦肯锡提醒我们，不要完全相信生活中积累的经验，也不要因为自己在某一方面或几方面经验丰富，就不去考虑其他的可能性。未经验证的经验只能作为我们生活中的参考，而不能作为绝对的真理。在对事情本质进行判断或寻找解决问题的办法时，我们不应受到因经验而产生的直觉的影响，忽略具体的问题，掉以轻心。

2. 外部环境对你的思考方式会带来影响

提到环境对人类的影响，大多数人首先想到的是环境会对孩子的成长产生影响，比如中国古代故事“孟母三迁”中所强调的就是外部环境会在孩子成长过程中起重要作用。而事实上，环境对人们的影响是长期的，即使我们长大成人，有了自己的主见和对世界的了解，我们也仍然会受到环境的影响。

当我们身边有一个人对我们说，马路上出现了一只老虎，我们一定会认为他在胡说，不会相信。当我们身边有两个人对我们说，马路上出现了一只老虎，我们虽然仍不会相信，但也会有一点好奇。当我们身边有三个人对我们说，马路上出现了一只老虎，此时我们会信还是不信呢？有些人仍然不信，有些人却已经信了，而信的理由只是因为身边有太多人都在这么说。这也是环境对人的影响的一种表现。

当身边有越来越多的人在传一件事时，我们对这件事情的疑惑就会越来越浅，最后相信事情的真实性。但是麦肯锡建议我们，对于传闻，我们永远不要轻易相信，因为传闻永远不等于证据，无论它的传播有多广泛，它的真实性也待考察。也许有些时候，我们所听到的传闻很符合我们对事物的认识，也很符合我们在经验中学到的知识，但是我们必须牢记一点，传闻在没有经过验证之前永远不能被看作事实真相。很多时候，别有用心的人正是利用人们的经验制造出种种假象，从而行骗的。

环境对人的影响是潜移默化的。事实证明，当一个人长期处于一个工作氛围浓郁，所有人都非常热爱自己的工作，并且一心要将工作做好的环境中时，这个人对工作的态度也会变得积极，工作的动力也会比较足。而当一个人长期处于一个员工们消极怠工，并且整日抱怨公司制度和领导的环境中时，这个人对工作的态度也会变得消极，失去工作的动力。

这些人的身上，我们往往可以看到许多相同的特征，比如他们的衣着和发型、说话的方式和内容、做事的风格等。但这些人是从一开始就有着如此多的相同之处吗？当然不是。麦肯锡接触过无数客户，也了解到每个人其实都有独特的个性，然而当他们试图融入一个环境中时，他们就不得不收敛起被环境排斥的个性，学会适应环境，这就是环境对人的一个明显影响。

对于麦肯锡人来说，外表和行为上的改变虽然可以说明环境对人的影响，但这只是表象而非本质。从本质上来说，是这些人的思考方式受到了环境的影响，所以他们才会对环境中所出现的种种现象接受、认可，最后视其为自己的一部分。

在环境对人产生影响的过程中，有两个关键因素对影响结果起着作用，一个是环境，另一个是人。运用麦肯锡思维，当环境的影响力非常强，人的接受力比较强时，这个人会很容易受到环境影响，快速融入环境中。当环境的影响力比较弱，人的接受力比较强，或者环境的影响力比较强，人的接受力比较弱时，这个人能够受到环境的影响，融入环境的时间会相对长一些。当环境的影响力非常弱，而人的接受力也非常弱时，这个人受到环境的影响会很小，融入环境的时间会很长，或者始终无法融入环境。

如今许多公司在进行招聘时会将应聘者是否接受公司的理念和价

值观作为参考标准。如果应聘者在面试时所表达的理念和价值观与公司完全相悖，那么即使这位应聘者有着非常优秀的条件，公司也不会聘用他。因为这样的人即使最后加入了公司，也难以受到公司理念和价值观的影响，并会在诸多环节与公司内部发生矛盾，影响工作的进程。相比之下，公司更愿意聘用那些认可公司理念和价值观的人，因为这样的人进入公司后，能够快速融入公司，与公司同心发展。

麦肯锡指出，环境对人产生的影响因人而异。有些人受到影响后，能够接受这一影响所带来的转变，渐渐在环境中如鱼得水；有些人受到影响后，则不能接受这一影响所带来的转变，渐渐在环境中举步维艰。

皮特和布朗大学毕业后，进入了同一家律师事务所。刚入事务所时，两人的理想相同，都以成为公正尽责的好律师为目标，然而工作了一段时间后，他们发现这家律师事务所经常接受一些为违法之人辩护的委托。一位老员工告诉他们，在这家事务所里，委托人的身份并不重要，重要的是委托人能否给事务所带来利润，以及辩护的结果能否让事务所扬名。只要能够满足这两点中的其中一点，事务所就会接下任务，并且全力以赴地对委托人进行辩护。

在这家事务所工作了半年后，皮特完全接受了事务所的理念，努力接下所有对事务所有利的辩护任务，而布朗却一直没有办法接受事务所的理念，仍然坚持只为清白之人做辩护。又过了半年，皮特得到了晋升，布朗却从该事务所辞职了。

同一个环境，有些人进入之后能够快速适应，在这一环境中有所作为，比如皮特；有些人进入之后却长久都无法适应，生活得非常艰难，比如布朗。虽然环境对他们二人都产生了影响，但由于二人对环境的接受力不同，这种影响造成的结果也不同。皮特和布朗的例子说明一个道理，在判断环境对人的影响时，人对环境的接受力起着重要作用，对环境的接受力不同，受到影响的结果也不同。

在社会中流传着一种说法，“不要让环境来适应你，而要让你自己去适应环境”。这句话的根本意思在于让人们接受环境对自身的影响和改造，从而成为适应环境的人。然而我们生活的社会是一个复杂的大环境，在这个大环境中，又存在着许多小环境。即使我们可以轻松适应某一个小环境，却也很难适应所有的小环境。所以，如果我们进入一个小环境后，无论怎样努力都不能让自己对这个小环境中的一些事产生认同，这就说明我们确实不适合这个小环境，那么我们可以从这个小环境中离开，去寻找一个更适合自己的环境。

外界环境对我们的思考方式所产生的影响有时是主动的，有时是被动的。我们已知生活中存在着许多不同的环境，也知道每个人对不同环境的接受度和适应结果不同。然而，生活中时常会有一些身不由己的情况发生。很多时候，我们往往会置身于某一环境之中而无法抽离其中。这时，我们在思考问题和处理问题时，就需要多考虑一些方面，哪怕这些考虑是被动的。

生活中大多数问题的答案都是“视情况而定”。麦肯锡提醒我们，在特定的环境中，事情的发展不会以我们个人的意志为转移。当外界的环境发生变化时，我们的思考也需要随之变化，以适应环境。

当我们在一个新环境中遇到了问题，准备按照常理运用以往的决策前，我们需要先对新环境和旧环境进行一次对比，以判断以往的决策是否适合这一新的环境。如果我们擅自将不适合新环境的决策应用于新环境中，可能产生的负面影响是不可估计的。麦肯锡接触的案例中，就曾有一些公司的经营者因在新环境中使用了旧决策而造成了公司的重大损失。

当我们在一个新环境中听说了某件事的成功后，我们也不应轻易相信所谓的“成功案例”，而是应当对其中的逻辑关系进行分析和验证。毕竟我们对这个新的环境并不了解，所以无法判定出现在这一环境中的案例究竟是真还是假。麦肯锡建议我们，无论想要做什么决定，都必须先弄清楚具体的情况和环境。我们不应该因为不曾接触过就立刻否认一个新的决策，也不应该盲目相信新的决策。

我们身边的环境在不断变化着，为了适应环境，我们的思维也需要跟着环境的变化而变化。然而在变化的同时，我们必须意识到变化的根本是要符合事物发展规律，而不是盲从。也许我们有时候会更偏向于接受符合我们传统习惯的东西，或者更偏向于接受能让我们感情上感到愉悦的东西，但若是这些东西并不适合它们所出现的环境，那么我们就必须暂时放弃它们。

3. 大数据分析比你更了解你自己

大数据，又称巨量资料，其特点在于数据量大、速度快、类型多和具有真实性。随着大数据时代的来临，大数据分析也应运而生。

大数据分析是指对规模巨大的数据进行分析，其包括的主要方面有可视化分析、数据挖掘算法、预测性分析能力、语义引擎，以及数据质量和数据管理。之所以说大数据分析能够比我们更了解自己，主要依据在于大数据分析是一种借助于科技手段对现有数据进行分析的过程，这一过程中的每一个环节都严格按照已写好的软件程式进行运算，不会受到人的主观意识影响，也不会受到外界环境的影响，也就是说，通过大数据分析出的结果更具有客观性和精确性。

电脑与人的最大区别在于它拥有绝对的理智，没有情感。当它进行分析时，任何个人情感都不可能对它造成影响和干扰，这就是它相对于人类分析的优势。作为一家世界级的咨询公司，麦肯锡的专业素质和执行力都得到了世界各大企业的认可。然而对于麦肯锡人来说，他们也会承认大数据比他们更了解自己的这一事实。

世上最难被分析的生物就是人。人是复杂的动物，不但具有综合性的生理特征，还具有严密的思维和复杂的心理特征。人在受到外界影响时，有时会出现与自身性格相反的性格，做出与真实想法相反的事情，所以对人类的性格特征进行分析是一件非常困难的事情。此外，各种各样的原因会导致一个人身上呈现出多种表象，我们无法根据其中任何一种表象判断出这个人的本质。

一个人的各种生理反应、心理活动，以及外在表象共同形成了一个大数据。运用大数据分析，可以更好地了解一个人的真实想法，也可以更好地了解一个人的优势和劣势，解决这个人所面对的问题。

大数据这一概念还没有出现时，人们在遇到问题时更多时候喜欢依靠专家，请求专家给自己一些建议，帮助自己处理生活和工作中遇到的各种难题。由于专家们具备相对严谨的逻辑思维，因此他们很容易就能找出起作用的规则或算法，之后运用这些规则和算法去对人们提出的问题进行分析，最后找出答案。麦肯锡的咨询顾问们为客户解决问题时，采用的也是这样的方式。

如今，人们遇到问题时仍然习惯请教专家，然而随着问题的多样化，专家们越来越难一眼发现其中的潜在秩序，于是他们开始借助一些外力，比如电脑，来帮助他们进行数据的统计和分析。电脑的参与让专家们的工作变得轻松了许多，他们可以不必亲自去摆弄那些乱成一团的数据，而是只要坐在电脑前，将数据输入数据库，再选择适当的软件对数据库进行处理，之后等待结果自动呈现在他们面前即可。

专家虽然经验丰富，对许多事情都已有独特的见解和分析模式，却也形成了一种思维定式，这种思维定式可以帮助他们快速处理类似的问题，也会阻碍他们对新观念的吸收和对新问题的处理。在麦肯锡，这种思维定式也同样存在。一些资深的咨询顾问由于处理过太多同类的问题，所以头脑中难以快速接受一些新的看法和解决问题的方式。他们并非不愿意接受新事物，而是他们的大脑中早已有了一个逻辑完好的公式，想将这一公式打破，再在其中加入更多他们不曾接触过的东西，对于他们来说确实是件难事。

大数据分析的运用可以避开这种限制，也不会产生定式。人们可以通过对程度的升级，不断更新和完善原有的算法，从而能够对更多新的数据进行更快速、更全面的处理。

大数据分析的另一个优势在于它是绝对理性的，所以经它得出的结果都是完全客观的，不以个人意志为转移，也不会因为个人情感而产生变化。麦肯锡的咨询顾问足够专业，并且能够运用这种专业性控制好个人情感，不将个人情感带入工作中。然而这一能力需要经过长时间的训练，并且不是所有人都可以轻易掌握的。市面上的许多专家都做不到这一点，所以当他们对客户以及客户遇到的问题进行分析时，一旦受到外界的影响，他们的弱势就显现出来了。

有的专家在处理问题时，会从自己的喜好出发，根据自己的喜好判断问题的严重与否。除了受经验的影响，还有一些专家过于相信自己的信念，以至于他们无法接受不同于信念的存在。这些专家一旦遇到新的问题，就会习惯性凭直觉去思考，去判断，而不愿接受新的理念。哪怕他们的信念中有错误存在，他们也不愿意承认，并仍然按照错误的信念去判断事情，解决问题。这些都是不理性的。

运用大数据分析可避免这种情况的发生。麦肯锡指出，大数据分析所依据的公式都是绝对正确的，并且分析的过程也绝对不会发生偏移，若是中途出现错误，分析的过程也会中断，而不会产生错误的结果。

除了个人情感，专家自身条件的不同也会导致得到的结果不同。举个最简单的例子，一家咖啡店邀请了几位咖啡领域的专家对新推出的几款咖啡进行品尝。然而专家们对咖啡的评价却有不小的出入，同一款咖啡，有的专家认为烘焙的时间过短，有的专家认为烘焙的时间过长，有的专家则认为烘焙的时间刚好。会产生这种情况，一方面可能是专家们各自的喜好不同，另一方面可能是专家们在味觉方面存在差异。此时便不能根据专家们的评价对咖啡的价值进行判定。

曾经有一位名为奥雷·阿森费尔特的经济学家为葡萄酒设计了一个回归方程，运用这一方程，只要知道葡萄产地的降雨量和气温，就可以推算出葡萄酒的质量和价值。相比于专家们的评价，这一方程所得出的葡萄酒的价值要更加准确，对于判断新葡萄酒有着极佳的作用。由此可见，如果能根据咖啡的产地、烘焙时间等设计出一个方程式，以此来计算咖啡的价值，那么结果也会比专家们的评价可靠得多。

专家的局限性还体现在他们的专业只限于某一方面。即使是麦肯锡的咨询顾问，也不可能做到对所有问题进行快速有效的分析，并得出正确的结论。专家们之所以被称为专家，是因为他们只在某一领域中颇为专业，而且这份专业的领域也比较狭窄。所以，我们不能一切都依赖专家，而是需要适当通过大数据分析，寻求解决问题的办法。

麦肯锡指出，专家的优势在于他们非常善于运用排除法，将错误的选项排除掉，同时他们也善于发现一些信息之间的联系，能够将一些信息联系在一起，形成一个整体。所以当需要处理的问题有一定的规则时，即使结果的范围十分广泛，专家们也能够将这一问题处理妥当。而当一个问题所涉及的概率没有规律，且有着广泛的结果范围时，专家们的学识和经验就无法派上用场了。因为在这样的范围中，他们无法进行预测。此时过于依赖专家，就极有可能得到错误的结果。

大数据分析能够避免专家们犯错，但它也有一定的局限性，即过于死板，缺少创造力。由于大数据分析采用的方式是绝对地循规蹈矩，绝对地符合公式，因此得出的结果也都只能是相对枯燥、没有新意的结果。

由此可见，最好的解决问题的方式就是结合大数据分析和专家的优势。我们可以先运用大数据分析对复杂的无规律的信息进行处理，生成一些相对简化的、可替代的选项，然后再请专家根据经验，从这些可替代的选项中挑出最好的方案。事实证明，这样的方式确实能够取得较高的成效。然而尽管如此，麦肯锡仍然提醒我们，不要对大数据分析和专家盲目信仰。

4. 临界点带来的积极反馈

关于临界点，目前的定义是由一种状态变成另一种状态前，应具备的最基本条件。临界点起初属于物理学领域中的词汇，是一种物质发生改变成为另一种物质的关键因素。后来，人们将这一概念引用到了其他领域。比如西方有一条谚语叫“压死骆驼的最后一根稻草”，意思是说当一只骆驼已经不堪重负的时候,在它的身上再放一根稻草，骆驼就会被压死。导致骆驼死亡的根本原因，就是骆驼身上的负重已经超过了它的临界点，冲破临界点的，就是那最后一根稻草。

在生活中,临界点也无处不在，人们常说的忍无可忍,指的就是所经历的事或感情到达了可忍耐的临界点，无法再忍耐的意思。在历史上，有许多帝王靠着强权对百姓进行压迫统治，当他们初次实施苛政时，百姓尚可忍耐，而当他们的苛政过多，对百姓实施的压迫达到了百姓能承受的临界点时，起义就爆发了。

由此可见，临界点是特别重要的存在，无论在任何领域，我们都应对它足够重视。在麦肯锡公司，如果想要针对某一问题给出最确切的方案和解决办法，那么了解该问题中的临界点在哪里，清楚若是超出临界点会造成什么后果，都是非常重要的工作内容。

在任何一个系统中，想要保持稳定，都必须掌握好其中各因素之间的关系，使它们尽可能达到平衡。就像那个有关生态环境的案例中，起初，狼的繁殖过快，数量过大，使当地的鹿濒临灭种。然后，一群人为了保护鹿而去大规模屠杀狼，造成鹿多狼少的局面。然而一段时间后，鹿的数量越来越多，给草原带去了很大的负担，破坏了草原的整个生态平衡，于是人们又不得不去控制鹿的数量，将一些狼放入草原。

在草原的系统中，鹿的数量和狼的数量之间本是有一个临界点的。当两者的数量都控制在临界点之内时，草原生态系统就是平衡的；而当人类以外力去强行对两者的数量进行改变时，临界点就会发生变化，草原的平衡就会被破坏。

麦肯锡提醒我们，任何一件事情的转变都是一个由量变到质变的过程。仍以上述草原系统为例，假设最初狼与鹿的数量比为2：1，那么人们刚刚杀死一头狼时，对草原和鹿群都没有产生明显的影响，而当人们杀死了一定数量的狼后，狼和鹿的数量都已达到临界点，那么再多杀一头狼，草原的平衡就会被彻底打破，出现逆转。

在事情发展的进程中，人们常会用“物极必反”来提醒自己，以防止自己在某一方面做得过度，从而导致结果与期望的相反。这其实就是临界点的应用表现。其中“极”指的就是临界点。以销售产业为例，当某一产品在市场中得到了广泛的好评，被顾客们疯抢时，我们一方面要加大该产品的产量，另一方面也要将产量控制在市场可接受的范围内。如果超出了市场需求的范围，那么产品就会滞销，给公司带来损失。

然后我们来看一下什么是临界点的反馈。生活中，我们比较熟悉的临界点包括水的沸点和金属的熔点。我们知道，冰在达到熔点时会变成水，水在达到沸点时会变成水蒸气。当冰变成水或者水变成水蒸气的一刹那，我们得到的就是临界点的反馈。

临界点的反馈能够为我们带来什么呢？首先，它能够让我们意识到自己正在做的事情极限在哪里。其次，它能够让我们想清楚是否需要继续进行下去。最后，它还能够帮助我们制订出正确的解决方案。临界点的反馈也可分为积极反馈和消极反馈两类，积极反馈指的是实施者主动将信息传递给计划的制订者，是一种主动的沟通；消极反馈指的是实施者在被要求给出答案后，被迫进行寻访或调查，之后将得到的信息传递给计划的制订者，是一种被动的应付。

举个简单的例子，一位经理让公司销售部的所有员工都去拜访客户，一位员工在拜访客户时发现客户对该公司产品有些不满意，于是主动询问，并得到了有价值的客户意见。当这位员工将得到的信息反馈给经理时，这种反馈就是积极反馈。若是这位员工没有及时发现问题，直到经理发现该客户取消了继续订购公司的产品后，再派他去询问客户的意见，那么此时他即使得到了客户的意见，这种反馈也成了消极反馈。

再举一个比较知名的例子。1985年，张瑞敏的一位朋友想买台冰箱，可是在库房中连挑了数台，才挑到一台没有问题的冰箱。张瑞敏根据这一情况，主动对库房中的400多台冰箱进行了检查，发现其中有76台都存在各种缺陷，于是命令负责这76台冰箱的员工亲手砸毁这些冰箱。在这一案例中，“发现其中有76台都存在各种缺陷”的这一反馈就是积极反馈。

按照麦肯锡的思维逻辑去分析，在此案例中，这一积极反馈为企业带来的好处主要在于及时发现问题，避免了不合格产品流入市场，维护了企业形象。对于企业来说，产品的质量与企业形象紧密相连，一旦某一企业生产的产品中出现大量有质量问题的产品，该企业的形象就会一落千丈，对企业造成的损失也就不只有产品本身的价格那么简单。

张瑞敏在宣布砸冰箱时说过，如果他允许这76台冰箱卖出去，就等于允许员工再生产760台这样的冰箱。由此可见，这一积极反馈同样对生产流程的管理起到了作用。如果员工意识不到产品的质量问题，继续以同样的心态去进行生产，那么就可能有更多不合格的产品被生产出来。产品从生产到销售需要经历一个长期的过程，在这一过程中，造成的损失不可估计。

如果张瑞敏没有及时发现产品中的问题，放任不合格的产品流入市场，等到其他顾客买到不合格的冰箱之后再将后果反馈到公司，那么此时的反馈就属于消极反馈。消极反馈同样能够让企业意识到产品在质量上存在不足，但此时已经历了很长的时间，在市面上的影响也已扩大，对企业的不良影响已经造成。

另外，对不合格冰箱的放任会助长员工的懒惰和不负责任，等到消极反馈产生时，不合格冰箱的数量定会远不止76台，即使能够及时停止生产，召回已出售的所有冰箱，损失也比早期做出处理要高出数倍甚至数十倍。

麦肯锡认为，积极反馈的存在是对企业有利的，因为这种反馈能够使企业尽早发现问题，想出应对的办法，从而避免更坏的事情发生。消极反馈的存在对企业也有一定的帮助，但大多数情况下，消极反馈所起到的作用更偏向于亡羊补牢。那么，是否企业之中应当尽可能多一些积极反馈，少一些消极反馈呢？答案仍然是否。

每个企业都是一个大的系统，而这大的系统往往由许多部分组成，系统越大，越不容易保持稳定。在麦肯锡看来，企业想要发展得顺利，既需要积极反馈，也需要消极反馈。积极反馈与消极反馈之间同样存在着一个临界点。当这两种反馈保持平衡时，企业的系统就是最稳定的。当其中某一种反馈的势力突然变得强大，将另一种反馈压倒时，临界点就会发生变化。

只要我们多花些心思就能发现，临界点的积极反馈固然能够为企业带来很多好处，但并不是所有场合、所有环节都适用。当我们发现在某一环节中，积极反馈与消极反馈所带来的效果相差无几，而积极反馈需要花费的时间和精力却远远高过消极反馈时，我们就可以选择花费相对较少的消极反馈。

比如在研发一款手机应用软件时，我们可以采用积极反馈，将可能涉及的问题都列出来，一边尝试，一边改进，直到软件没有任何漏洞再进行推广；也可以采用消极反馈，将基本成形的软件推广出去，同时在软件中设置一个类似问卷调查的项目，让用户对软件进行评分，并将自己对软件的意见写上去。这样做既可以快速达到推广的效果，让用户们了解这款软件，也可以从用户们的反馈中得知软件应在哪里改进，大大缩短了设计人员们苦想可能性漏洞的时间。

5. 反直觉思考会戳破运气的肥皂泡

运气在成功的道路上究竟起不起作用？答案是肯定的。运气会对成功产生一定的影响，大多数情况下，我们得到的结果是我们持久的实力与短暂的运气的结合，单凭其中任何一项都不能得到。然而在现实生活中，有很多人夸大了运气的作用，将其视为成功的最重要因素，以至于他们在遇到很多事情时，第一时间相信了他们的直觉，甚至是错觉。

人的直觉也有对错之分，麦肯锡认为，反直觉思考并不等于反对直觉思考，而是要学会对直觉思考做更多的考量和判断。如果经过考量和判断，发现它是对的，那么我们可以继续做下去；如果经过考量和判断，发现它是错的，那么我们就不能再按照这个思路去做。

在产品宣传方面，许多企业都相信明星效应，认为只要让某位人气极高的明星来做代言，那么该产品就能引起足够人群的重视，并且取得较高的销售成果。于是，同一领域中的多个企业争抢一个明星做代言，最后，抢到代言权的企业兴高采烈，没有抢到代言权的企业垂头丧气。从直觉上来说，那些抢到了明星代言权的企业具有了更高的宣传优势，然而进行反直觉思考后，我们就会发现这一结果并不意味着其他企业在宣传方面就必然落败。

对于参与竞争的多家企业来说，抢到明星代言权的一家企业运气较好，但这一运气是否就能让该企业的产品在同类产品中脱颖而出呢？明星代言紧随其后的是高昂的代言费用，这是必然会产生的，然而代言之后可能产生的结果却是未知的。宣传方案是否合理，是否与该明星的定位相符，都应被考虑其中。若是该明星的定位是清纯少女，产品宣传需要表现出的却是妖艳狂野，与明星的气质定位不符，那么这一运气也是无济于事。

在企业的宣传过程中，最重要的因素其实是方案本身，而不是明星。对以往的成功案例进行分析和研究，可以很容易得到这一结论。过于依赖明星效应，却不去加强实力，这样的做法属于本末倒置。正常来讲，必须先有好的方案，之后再请符合企业形象的明星加以宣传，才能真正起到预期的效果。

麦肯锡提醒我们，运气在解决问题的过程中只起着辅助的作用，而非决定性作用。有一句话叫机会只留给有准备的人，运气也同样只对有准备的人有效。真正能够让问题得以解决的还是实力。当一家企业拥有了足够强大的实力，那么即使运气稍微差一点，它仍然可以在一个领域中站得住脚。但若是一家企业本身没有实力，只是靠运气取得了一次机会，那么这家企业仍然无法取得真正的成功。

我们只能根据实力预测事情的发展，却不能根据运气预测事情的发展。因为运气本身就是不可确定的因素。一时的运气好不代表永远都运气好。既然连运气何时出现，何时消失都无法确定，想凭借运气去成事更是没有道理。

运用反直觉思考，可以令我们不去过分依赖运气，或对运气抱有过高的期望。只要我们稍微多用一些逻辑思维去思考，我们就可以发现，有些时候，我们眼中的运气只是一种假象，甚至是一种陷阱。

比利头脑灵活，喜欢结交朋友，所以人脉很广。一次，他通过偶然的机会认识了一位养蜂人，与这位养蜂人成了朋友。后来，当他得知身边有人想要购买纯正的蜂蜜却找不到途径时，他便做起了中间人，低价买入养蜂人的蜂蜜，再将这些蜂蜜稍作加工，然后高价卖出。在买卖蜂蜜的过程中，比利赚到了不少钱。之后，比利又在其他领域做了几次中间人，每一次都赚到了不少钱。

比利将每一次赚钱的根本原因归于自己运气好，总是能够结交到有用的人。在他看来，运气就是他赚钱的资本，他的人脉、财富，都是运气带给他的。多次的好运也让他认为，既然自己的运气好，那么只要是他看到的商机，就一定会给他带去利润。

比利想用手中的钱做些更好的项目，这时，他从另一位朋友那里得知了一条消息，据说有一个不错的项目正在寻找投资者，只要进行少额的投资，就能够成为该项目的股东，并且每年都可得到分红。对方说得很诚恳，关于项目的介绍也很详细，听起来，这个项目没有任何问题，只是欠缺资金，所以迟迟无法启动。比利认为，能在想要投资的时候遇到这样一个项目是自己的运气，于是他没有多想，很快将钱投了进去。

一个月后，那位朋友告诉比利，项目已经开始启动，不出几个月就能很快获利。然而两个月后，比利的那位朋友突然间消失了。比利通过各种渠道去查自己投资的项目，都查不到任何信息，此时他不得不接受自己被骗的事实。

运用麦肯锡的逻辑思维对这一案例进行分析，比利犯下的错误主要在于他将自己的运气看作成功的唯一标准。在他看来，自己的运气总是很好，能够在恰当的时机遇到合适的商机，而事实上，让他能够通过这种方式赚钱的根本原因在于，提供商品的人拥有质量过关的商品，购买商品的人诚心购买。商品的质量是前提，如果没有质量，那么即使比利做了这个中间人，商品也是无法卖出的。

比利的失败在于他没有看清事情的真相，被一直以来的好运气蒙蔽了双眼，所以才会掉以轻心，过于相信运气能带给他财富，只看到了事情的表面，没有看到事情的本质。若是他可以运用反直觉思考，不去想自己运气好，在刚想要投资的时候遇到了好的商机，而是去深入调查一下这商机是否真的存在，思考一下这一商机究竟是否合理，是否符合当时的环境，是否真的有发展等，他就不至于被人欺骗。

过于相信一个人，就会对这个人所说的话全部相信。反直觉思考，重点在于打破我们因直觉而产生的盲目相信。当我们的脑子里出现“这是我相信的人，所以他说的话一定对”这样的直觉时，我们就必须冷静下来，让自己运用反直觉思考去分析这个人说的话中，是否存在不合逻辑的地方。这样才能找出疑点。

麦肯锡指出，我们并不需要将反直觉思考应用于所有问题上，因为我们生活中的许多决策都是直接的，而且风险较低。比如我们中午思考去哪里吃饭，下班后决定做什么打发时间，周末是去运动还是去图书馆看书这类的事，我们就可以尊重我们的直觉，按照第一时间出现的念头去做。我们需要进行反直觉思考的时机，往往是那种会对我们的生活产生重大影响，或者对我们的事业带来重要结果的事情。事情包含的风险越高，进行反直觉思考就越有价值。

在面对风险极高的事情时，反直觉思考可以避免我们做出一些草率的决定。运用反直觉思考也可以帮我们不受事物表象的迷惑。许多事情从表象上来看，都是非常诱人的，人们在盲目相信某个人或某件事时，思维会出现局限性，只关注这个人所说的话，或者事情表现出来的样子，而不去深刻研究本质。麦肯锡认为，当我们习惯了反直觉思考时，再看到一些诱人的表象，就会先对其产生一个质疑，而后对其进行研究和分析，最后看清其本质。

简单来说，反直觉思考就是告诉我们，在面对高风险的决定时，不要过于相信直觉。要记住，我们的每一个行为都可能触发一系列的连锁反应，这些反应中，有很多可能是我们预测不到的。我们必须考虑到所做的决定可能带来的各种影响。特别是高风险的决定，既可能带来无穷的利润，也可能带来巨大的亏损。我们应当意识到，大多数的投资和业务靠的都是实力和运气的结合，要学会区分两者的关系以及两者所占的比重。

第九章

麦肯锡逻辑树分析法

麦肯锡逻辑树分析法是一种严谨的推理方法。众所周知，无论一棵树的枝叶有多繁茂，当我们顺着它的每一根枝条向下追寻时，最后都会追寻到同一棵树干，这就是树的特点。麦肯锡逻辑树也具有相同的特点，可能影响事情发展的因素会有许多，它们就像树冠上的枝叶一样，将问题的根本原因遮盖住了。此时，我们可以先对问题本身进行一个界定，然后将问题的结构罗列出来，再将其中对问题影响不大的因素摘除，最后留下对问题影响最大的因素，也就是树的主干和连接在树上的枝干。这样我们就可以更清晰地掌握整个问题的关键，找出最适合的解决问题的方法。

1. 逻辑树分析法的逻辑思维

逻辑树又称问题树、演绎树或分解树等，其表现方式为将一个问题以树的结构进行延伸，去设想可能与其有关的子问题，逐步进行扩展。在这一过程中，第一层的子问题与主问题有着直接密切的联系，而下属的每一个子问题又都与其上一层子问题之间有着绝对的联系。根据这一方式，就可以将所有问题理清，避免对同一问题进行重复验证和分析，也可以避免一些不相干的问题对解决的过程产生干扰。

树的生长方式为先生出主干，然后从主干上分生出一些枝干，之后从每一个分生出的枝干上再分生出多个树枝。我们很难分得清每一根细小的树枝与其他细小的树枝之间的联系，但是我们可以沿着它逐级寻找，越是向上，条理就会越清晰，逻辑关系也就越明朗。麦肯锡逻辑树的产生就是根据树的生长方式推理总结出的。

我们想从一个树冠找到哪些细树枝与哪一个粗树枝相连，是件非常困难的事，但是我们以一个树干为起点，去分辨哪些分枝与哪一根粗枝相连却是比较容易的。所以在面对问题的时候，我们也可以遵循这样的方法，先找出一个主要的问题，然后对其进行分析，最后得到与其有逻辑关系的问题，这样的方法就是逻辑树分析。

在解决问题时，逻辑思维的运用是必不可少的。而当逻辑思维以树形结构出现时，就将各自分开的逻辑思维综合到了一起。也就是说，逻辑树中的逻辑思维很丰富，逻辑树是逻辑思维综合运用的一种体现。

麦肯锡人通常采用以下的方式进行逻辑推理。

首先，确认一个具体而单一的问题。这个问题不能过于笼统，比如“如何让企业发展”，也不可同时包含太多问题，比如“如何同时提升企业盈利并树立企业形象”。过于笼统的问题会令人难以找到切入点，以至于脑中需要大范围搜索可能起到关键因素的问题，工作量过大，影响逻辑思维的运作。我们去看一棵树时，先去看它的树干，然后选择其中一根分枝，再沿着这根分枝去摸索，最后就能发现属于这一分枝下的多个分枝，以及更多下属的细小分枝。逻辑树的作用便在于此。如果问题中包含多个问题，那么就需要先将问题中的多个问题区分开，各为一个问题，之后才能针对每一个问题进行详细的分析。

其次，运用逻辑树对这个单一的问题进行分解。逻辑树的分解方式有许多种，主要取决于运用哪一种逻辑思维。我们会在后面具体提到三种麦肯锡人最常用的逻辑树：议题树、假设树和是否树。

每一根树枝上都能生出许多新的树枝，这些树枝有些对树冠的构成有着重要支撑作用，有些则没有那么重要的作用。当我们锯掉一棵树上的小树枝时，对树冠本身不会造成太大影响，但是当我们锯掉一棵树上的粗树枝时，就有可能令树失去半个树冠。所以说，在逻辑树中，辨别清楚每一根树枝的具体地位尤其关键。

我们知道树在生长过程中会生出许多分枝，最后密密麻麻生出满树的枝杈，让树冠变得茂密。逻辑树也是如此。由于每一次的分解都会产生许多小的问题，如果我们将这些小问题都留下来，逐一解决的话，就会花费我们许多时间，而且很可能是不必要的时间。其实，在这些小问题中，有一些是对主问题没有重要影响的，所以我们应当将这些小问题剔除，只留下可能对主问题有着重要影响的问题，也就是之前我们提到过的关键驱动点。

麦肯锡人的原则是，将主要精力用于发现关键驱动点和解决关键驱动点上。这样可以提高解决问题的效率，避免浪费过多的时间和精力。确定每一个问题的关键驱动点后，我们就可以将它们排列整齐，并根据每一个点制订详细的工作计划。对于麦肯锡人来说，这是他们工作中最为重要的环节。当思维存在于他们脑中时，那只是他们自己的思维，而当他们将思维转化为具体的可执行的工作计划后，思维就成了工具，用来指导工作的进行。

通常麦肯锡的工作都是由团队共同进行的，执行计划制订完毕后，麦肯锡的团队们就会开始正式的工作。在麦肯锡，团队的智慧是强大的。团队中的每一个成员都会展开头脑风暴，针对每一个关键驱动点提出建议，最后找出最佳的解决方案。

麦肯锡人会根据关键驱动点进行分析和调查，确定这一关键驱动点是否真的存在，以及它更适合用何种方式解决。他们不相信直觉，调查的结果才是最真实的证据。当结果得到了，论证也就建立起来了。最后，麦肯锡人会将整个工作的过程进行陈述，让团队其他成员都知道这个工作的进展程序，以及是如何进展的。

在进行逻辑树分析时，我们会用到比较逻辑思维，对相似的问题进行比较，确定它们之间是否真的存在直接的联系，并决定是否将它们放在逻辑树的同一层中。我们也会用到分析逻辑思维，对产生的问题进行分析，从而得到下一层的问题。

很多时候，我们面前的问题是以多个小问题的形式出现的，这些小问题最大的特点就是数量多，并且相互没有明显的关联，所以我们看到的就是一团混乱，需要将精力化成多份去对它们逐个击破。如果我们同时处理多个属于不同大问题下的小问题，这样的处理效率必然非常慢。运用逻辑树分析法就可以避免这个问题的发生。因为逻辑树分析法可以让我们明确问题与问题之间的联系，知道哪些问题属于哪个范围。

在麦肯锡公司，逻辑树分析法的应用范围非常广。只要有客户向他们咨询问题，他们不会马上进行分析和处理，而是会将客户给出的资料按照逻辑树分析法进行筛选，层层细化。他们需要先确定客户面临的问题是一个还是多个，如果是多个，那么就需要先将它们分开。如果是一个，那么就可以将这一个问题作为逻辑树的树干，然后进行分枝的构建。

在应用逻辑树分析法时，最主要的还是逻辑结构的清晰。在逻辑树中，每一根树枝都与它所属的上一级树枝之间有必然且唯一的联系。否则逻辑树就没有办法构成。通过不断为树干添加树枝，逻辑树就这样建起来了。

首先，要对资料中的各要素之间的关系进行识别，确定哪些要素是基础要素，哪些要素是辅助要素。要素与要素之间是所属关系还是并列关系。比如在企业管理方面，企业制度的完善和奖罚制度的实施就是上下级关系，需要先有企业制度的完善，之后才有奖罚制度的实施。再比如在员工管理方面，提升员工待遇与规范员工行为就是并列关系，它们都属于员工管理的下一级。

其次，当确定了两个要素之间的级别关系后，还要考虑它们之间存在的是怎样的逻辑，是否存在绝对的因果关系。产品质量不过硬必然导致产品销量不好，但产品的销量不好不完全取决于产品质量，产品的宣传也是一方面，产品的创新也会对销量有一定的影响。此外，企业形象也会影响产品的销量。所以，在对产品销量进行分析时，我们可以将产品质量、产品宣传和企业形象都作为它的下一级，但是不能只将产品质量作为产品销量的下一级，而将其他两项单独列出来，放在与产品销量同一级上。

逻辑树分析法是麦肯锡人经过多年的工作经历总结出的一个逻辑分析方法，无论多大的问题，只要用逻辑树的形式将它们进行分析，就能得出最终想要的结果。逻辑树分析法是麦肯锡人的一项基本技能，他们用这一分析法解决了许多高难度的方案，提高了工作效率。

2. 逻辑树分析法的两种分析方法

在讲述逻辑树分析法时，我们会发现它的结构与金字塔结构相同，都是由一个主题分解出多个内容。事实上，逻辑树分析法属于金字塔结构衍生出的一种工具。当我们有了确切的结论时，我们可以通过金字塔的结构将这一结论细分成多个部位，然后层层深入进行分析，或将许多信息进行分类、归纳、提炼等，最后形成一个金字塔结构。而当这一结论并不确定时，我们就可以用逻辑树分析法对这一结论进行推理和检验。

逻辑树分析法可分为选择型分析和顺序型分析。选择型分析主要应用于我们对一件事情的方向还不确定时，顺序型分析主要应用于我们已确定一件事情的方向时。

山姆是名学生，他想凭自己的能力在三个月内买一台电脑。于是他先给自己制定了一个目标，即购买某牌某款型号的电脑。目标制定之后，他需要结合现实考虑一个问题，即自己是否有能力购买这台电脑。在此环节中，如果他有能力购买，可以直接进行购买电脑一项，进而按顺序考虑在哪里买这台电脑；如果没有能力购买，那么他需要运用选择型分析来决定自己如何能购买到这台电脑。

用逻辑树进行分析，假设山姆想买的这台电脑价值1万元，而他手中的资金只有5000元，那么他需要先明确目标与现实的距离，之后想办法在三个月内使手中的资金由5000元变为1万元。对此，他可以选择的方式包括增加收入和减少支出两种。

增加收入的方式可分为主动收入和被动收入两种：主动收入可分为劳动所得收入，投资所得收益，以及其他方面的收益，如向家人求助，变卖二手物品等；被动收入可分为引流量，以固有产业收取租金，企业盈利等。由于山姆还是学生，不具备被动收入的条件，因此在选择过程中，此项被选择去掉。

按麦肯锡逻辑树分析法，接下来要做的是在主动收入中进行选择，留下可行的选项，去掉不可行的选项。由于山姆想凭自己的能力买电脑，因此向家人求助一项应去掉。结合他的个人实际情况，手中并没有价值较高的二手物品，所以变卖二手物品一项也应去掉。山姆手中的资金有限，并且不具备投资经验，相比之下，劳动所得更适合他，所以留下劳动所得收入一项，去掉投资所得收益一项。

确定了具体方案后，山姆就可以选出一些自己可以从事的工作，对每一项进行顺序型分析，然后衡量各项工作的投入和回报，最后从中选择出最有利的一项或几项。同时，也可以结合减少支出一项，计算自己一共需要通过劳动获得多少钱。

在减少支出一项中，山姆可运用选择型分析，判断出自己可减少开支的项和不可减少开支的项。山姆每个月的生活费为1000元，经过选择，他发现和朋友外出聚餐、购买游戏类杂志和汽车模型的开销属于不必要开销，可以减少。运用顺序型分析，山姆得出了每一项可节省的金额，最后得到每月可以从生活费中节省出400元的结果。也就是说三个月里，山姆可以通过减少支出获得1200元。那么他只要通过劳动赚取3800元，就可以买到他想要的电脑了。

经过一系列的分析，我们现在已知的条件是，山姆需要在三个月内通过兼职赚3800元，平均每天至少要赚到将近65元。在对他选择的每一项工作进行分析时，我们可以适当运用一些麦肯锡的假设逻辑，先假设他只做这一项工作，来确定他三个月内是否可以赚到3800元，如果不能，那么再去分析山姆是否可以同时做其他的工作，当这项工作不能使山姆在规定时间赚到需要的钱，又不能令山姆同时做其他工作时，这项可以去掉。

山姆根据同学的建议，对可选择的工作进行了研究和分析，最后选定了两份工作。一份是一家超市的夜间收银员，工作时间是每天晚上10

点到深夜2点，每月薪水1200元，三个月可以赚到3600元。另一份是学校附近的一家餐馆，该餐馆招小时工，每小时10元，工作时间是下午6点到晚上10点。从餐馆到超市，骑车十几分钟可到达。从超市到寝室，骑车20分钟左右可到达。

山姆选择这两份工作的理由是，按照顺序型逻辑进行分析，如果他每天在餐馆打三个小时的工，那么每天可以赚到30元，按一个月30天计算，他一个月可以赚到900元，加上夜间收银员的工作，他一个月总共可以赚到2100元。按照这样的进度，他不需要两个月就可以赚够买电脑所需要的钱。

运用麦肯锡逻辑树对上述的假设进行检验，得知该方案确实可行后，山姆便可以采取实际行动，开始他的工作。在这一案例中，我们采用了选择和顺序的分析方法，选择的分析方法主要用在山姆还不确定自己要选择哪一个方案时，对所有方案分别分析利弊；顺序的分析方法主要用在山姆已经确定了实施的方案后，对方案进行细化，研究如何开展。

选择分析法可应用于日常生活中的方方面面，通常情况下，虽然我们进行选择分析时不确定哪一个才是最需要的，但我们心中已有一个判断的标准。我们只要根据这一标准进行选择即可。在上述的案例中，山姆虽然不确定自己要从事什么工作，但他的标准是“能够确保他在三个月之内赚到足够的钱”，有了这一标准，再去衡量工作是否符合标准，就很容易做出判断。

顺序分析法应用的范围也非常广，顺序分析的过程其实属于一种验证的过程，当我们给这一论点罗列各种论据时，我们的根本目的在于证明这一论点是正确的，所以我们列出的论据一定是我们已经确认真实的。顺序分析法的应用就像水到渠成一般自然，我们不需要刻意强调一些特殊范围的应用，只要将这件事情在正常情况下的发展表述出来就可以。

麦肯锡提醒我们，在运用逻辑树分析法之前，我们必须先搜集数据。没有数据就没有发言权，数据是客观的存在，不会以人的意志为转移，它们可以更加直观而准确地表现某种存在。我们可以通过报纸、杂志、网络等途径进行信息的搜集，这些信息往往都是已经检验，可以直接拿来使用的。

并不是数据搜集得越多就越好，当我们对搜集到的数据进行检验时，一定要检验所搜集的数据之间的相关性，以及数据与主题之间的相关性。在麦肯锡内部，人们在检验数据时常常会向自己提出“so what”这样的疑问，其目的在于让自己更加清楚这些数据的作用，以免用不十分相关的数据来回答核心的问题。

在对数据进行检验后，我们就可以通过选择法留下其中能够起到关键作用的数据，将没有重要作用的数据放置一边，避免它们干扰我们的思路。这一工作就像从稻壳里挑出麦子一样困难，但我们却又必须这样做。当我们发现有不相关的数据存在时，就要将它剔除。

如果有些事情的信息量太大，那么我们可以先建立一个“草图”，这是一个类似幻灯片的东西，幻灯片的顶端是一个经过提炼得到的总标题。解决问题的过程很漫长，这就更需要我们能够随时记录下脑中的想法，以免当我们想要回过头来寻找时，已经遗忘了。所以建立“草图”很重要。

通常情况下，人们认为从事创造工作的人才需要时常画“草图”，比如画家、作者、设计师等，其实画“草图”这一方式对每个人都十分有用。“草图”的形式可以不用十分清晰，可以只是大概的几个点，一旦我们头脑中的东西形成了纸面上的东西，那么它就不会轻易消失。我们随时可以将它拿出来看，也可以在需要的时候以此为参考。

在日常工作中，麦肯锡也建议所有的人每天画一张“草图”，将自己一天中最重要的三件事记在“草图”里。可以不用很详细，也不用特别严格按照某种格式，哪怕只是简单的三两笔。这样做的好处在于能够促使人们思考。每天回顾一点当天发生的事情很容易，而当时间久了，我们就会忘记自己之前想到的哪怕是很好的一个方案雏形。如果我们不用“草图”的方式记录下来，我们就很可能丢失很多好的创意和灵感。

3. 逻辑树的三个类型

麦肯锡人常用的逻辑树主要有议题树、假设树和是否树三种类型。这三种逻辑树的类型基本可以应对所有类型的问题。从结构上来看，它们之间大同小异，都是以一个问题为主干，之后延伸出各分枝。但从其功能和表现内容来看，这三种结构树则各有各的应用场合。

议题树的主要形式是先提出一个问题，然后将这一问题细分为多个与其有内在逻辑联系的副议题，比如主问题为“如何减少员工加班的现象”，那么根据议题树的逻辑，我们可以列出两个副议题，一为“减少员工的工作定额”，二为“提高员工的个人工作效率”。在这个初级的议题树中，两个副议题都是针对主议题提出的解决方案，这两个方案之间具有并列的逻辑关系，与主议题之间的逻辑关系也都是相同的。

列出两个副议题后，我们接下来要做的，是以每一个副议题为议题，进行下一步的思考，即具体应该怎么做才能实现这一议题。针对“减少员工的工作量”这一议题，我们可以细化出三项，分别是：延长员工上交任务的时限；增加员工人数；减少分派到每位员工手中的工作定额。针对“提高员工的个人工作效率”这一议题，我们又可以细化出三项，分别是：对员工进行技能培训，对员工进行工作态度上的强化，适当实行奖励制度。

议题树的特点在于它比较可靠，但是实施的过程比较缓慢。在将一个大问题分成具体几个小块的过程中，我们需要考虑到的因素有很多，也许这些因素对于议题的解决并不能起到直接的作用，但是在思考解决办法时，我们也会将它们考虑在内。在麦肯锡公司，议题树的使用时间大多是在解决问题的初期阶段。此时，由于对问题的相关信息了解比较少，我们可以采用这一类型的逻辑树去进行分析和细化，从而得到可处理的、便于操作的多个小部分，然后逐一讨论这些小部分，得到解决的方案。

假设树的主要形式是先假设一种解决方案，之后通过手中已有的论据对该方案进行证明。需要注意一点，在使用假设树时，提出的假设必须合理，并且手中的论据必须能够足以对自己的假设进行证明。一般情况下，假设树的目的是证明这一假设为真。

同样以企业管理为例。如果我们以“减少员工加班现象对企业有利”为假设论证，那么接下来，我们就应以为什么“减少员工加班的现象对企业有利”为切入点，列举大量的例子对该论证进行阐述和说明。在列举时，我们可以从加班额外浪费公司资源，加班影响员工对工作的积极性，公司不能缺少员工三个方面来进行阐述。如果我们有足够有力的证据来证明我们所列举的这三个观点，那么我们的假设就是成立的。

首先，有人加班，企业就要多承担工作时间以外的水、电等开销。对于企业来说，这样的开销日积月累，也是一笔不小的开支。如果减少加班，那么这方面的开支也可以减少。其次，经常加班会占用员工的私人时间，影响员工生活，必然会导致员工对企业心生抱怨，工作的积极性有所降低。再次，大量的加班可能引发员工辞职，而员工的流动性会对企业带来不小的伤害。综上所述，“减少员工加班现象对企业有利”这一假设成立。

假设树的特点在于它的处理方式能够比议题树更快，提高解决问题的效率。在进行假设的过程中，我们头脑中已对问题有了一个明确的看法，需要的只是用论据证明自己的看法正确即可。在麦肯锡公司，假设树的使用时间主要是在对情况有了足够的了解，可以提出合理假设时。

是否树的结构与前两种相比简单得多，其主要形式在于先提出一个问题，之后对这一问题进行判断分析，分析的结果只有两种，非“是”即“否”。在分析前，对于一些结果已有标准方案。如果答案为“是”，那么就可以应用事先准备好的标准方案；如果答案为“否”，那么就要再进行下一轮的判断分析，对具体情况进行具体分析，再根据结果决定不同的答案，得出解决方案。

当我们向电脑中安装一款软件时，界面往往会出现提示，让我们选择“是”或者“否”。当我们选择“是”后，界面会进行到下一步，而我们选择“否”后，界面会退出或者回到上一步。这就是一种很典型的是否树的应用。一些游戏开发商也以是否树为基础，在游戏中设置了一些需要玩家选择“是”或“否”的选项，而玩家的选择决定了游戏最后的结局。

是否树在其他场合中的应用也很普遍，事实上，当一个问题摆在麦肯锡人面前时，麦肯锡人就会先运用是否树对问题进行一次判断，确定该问题“是否为一个单一的且指定范围内的问题”，如果该答案为“是”，他们会开展接下来的工作，如果答案为“否”，那么他们就会先对该问题进行精练，使其成为一个单一性的问题后再开展接下来的工作。

医生为病人诊治的时候也会采用是否逻辑树进行初诊，比如“是否头痛”“是否腹泻”，或者“是否头晕”等。当病人回答“是”后，医生会具体询问“怎样的痛法”“持续了多久”“是否伴有其他症状”等。若是病人回答“否”，医生则不会就这一症状继续问下去，而是转而询问其他方面的症状。

是否树的特点在于简单明了，对于问题的解决能够果断标准，不拖泥带水。在判定的过程中，我们只要根据标准去衡量得到的结果是否符合即可。是否树的使用时间多在对问题及其结构已足够了解时。

每一种逻辑树都有它适合的场合，适合的问题。针对适当的问题采用适当的逻辑树，可以帮助我们更快、更全面地把握和处理问题。应用逻辑树前，我们需要对问题的内容尽可能进行全面了解，将已知的所有要素都弄清楚，才能决定应该使用哪一种逻辑树。

当一家电器公司的经营者对麦肯锡人提出“如何增加企业盈利”

这一问题时，麦肯锡人的脑中会最先想到的是，这家电器公司的主要盈利来自于哪里？当得知对方公司的主要盈利来自于冰箱、洗碗机和空调后，麦肯锡的咨询顾问心中便建立了一个以增加企业盈利为主干，以冰箱、洗碗机和空调为第一层树枝的议题逻辑树雏形。在这一议题逻辑树中“增加企业盈利”为主议题，“增加冰箱盈利”“增加洗碗机盈利”和“增加空调盈利”分别为副议题。在每个副议题下，麦肯锡人还会增加“收入”和“支出”的分议题，每一项“收入”和“支出”下都会有相应的增加收入和减少支出的方式。

若是麦肯锡的咨询顾问已知这家电器公司的经营状况，并且知道该公司主要的盈利来自于空调，那么他也可以用假设树，假设“提高空调盈利”为增加企业盈利的主要方案，并在下面列举自己的论据，比如近年来空调的盈利一直在其他电器中占主导地位；空调生产的技术已非常成熟，容易提升工作效率；空调的出口销量非常可观等。根据这些论据对假设进行支撑，从而证明这一假设成立，应着重提高空调盈利。

若是麦肯锡的咨询顾问对该电器公司的经营状况以及人力资源等细节都已了如指掌，非常清楚该公司可增加盈利的项目和部门，那么他也可以运用是否树向经营者发问，取得经营者的意见。比如“是否可以增加空调生产部门的工作人员”“是否可以减少冰箱生产过程中的生产成本”“是否可以减少洗碗机的营销成本”等。这些问题事实上都是麦肯锡人提出的建议，但决定权还在经营者的手里，经营者只要回答“是”或“否”就可以了。

4. 逻辑树分析法的优点

逻辑树分析法最显而易见的优点在于，运用这种分析法，可以避免信息上的重叠和工作中的重复。可以帮助我们弄清条理，能够保证解决问题的过程是完整的，并且将一个庞大的工作细分为多个有条理的部分，更便于人们操作。同时在操作的过程中，人们可以清楚地了解到先做哪个，后做哪个。此外，还可以明确地将责任落实到个人头上。每部分都有相应的负责人，避免发生问题后找不到责任人的情况。

在团队工作中，逻辑树分析法起到的作用更大，它可以将已知问题与议题联结在一起，让团队中所有的成员都明白问题的结构，并就这一结构达成共识。这样一来，团队中的所有成员都不会偏离根本主题，而是围绕着中心问题展开讨论和研究，给出最有利的解决办法。

麦肯锡认为，团队合作时，最主要的是明确关键问题，这样团队所有成员才能直奔主题收集相关数据，而不是浪费大量时间在没有必要的事情上。逻辑树的使用刚好可以让团队成员明确关键问题。树的主干清晰明了地将关键问题摆在所有人面前，大家不需要再对此产生任何质疑，只要明确问题是什么就可以。

明确主题后，我们需要列出一份清单，在这份清单上，每一项都应该是相互独立的。之后，我们才能将它们按照一定的逻辑进行排列。

当一个团队被要求为一家著名饰品企业解决“如何销售更多的产品”这一问题时，通常情况下，团队的成员可能会给出“采用新颖的销售方式”“降低单位成本”，或者“改善营销方式”等答案。单从这一层来看，三条答案之间没有重叠项，然而当团队被要求给出进一步分析和阐述时，成员们就会发现他们的这些答案的下一级阐述中存在着一些问题，其中有些人给出的下一级答案在操作时其实是与其他队员给出的下一级答案相重叠的。

以“降低单位成本”一项来说，一位队员提出，降低单位成本可以从“调整分销系统”“改善存货管理”和“重新调整产品生产程序”三方面入手。然而“重新调整产品生产程序”这一项既能够对“降低单位成本”起作用，也可以对“改善营销方式”这一项起到作用。也就是说，“重新调整产品生产程序”这一项是重叠的项。

如果将“重新调整产品生产程序”这一项单独提出是否可以呢？也是不行的。当“重新调整产品生产程序”与“采用新颖的销售方式”“降低单位成本”和“改善营销方式”这三项放在一起时，它与另三项之间不存在并列的逻辑结构，而另三项之间的逻辑结构却是相同的。

运用逻辑树分析法，就可以避免这一情况的发生。因为逻辑树中的每一项都遵循了麦肯锡的MECE法则，相互独立，完全穷尽，绝不可能发生某两个人的任务重叠在一起的情况。

逻辑树的每一条分枝都有其独特性，没有哪两条分枝之间既有所属关系，又有并列关系。这就使得逻辑树中每一条信息都是清晰的，不会出现逻辑混乱的情况，也就使得过程中遇到的任何情况都有其相应的解决方案。

在麦肯锡，有着一个独有的知识库，库中保存了许多前辈们对于任何商业难题的观点和解决经验。这些知识都是麦肯锡极为宝贵的财富。麦肯锡的咨询顾问们会在遇到一个新项目后，先去翻阅已有的报告，然后参照已有的框架进行新的建构。在这里，他们所参照的框架主要指的就是逻辑树。

按照逻辑树分析法对上述的清单进行调整，可得将“重新调整产品生产程序”一项按其功能分成“重新调整产品生产程序以降低成本”和“重新调整产品生产程序以改善产品质量”两项。“重新调整产品生产程序以降低成本”属于“降低单位成本”的下一级，而“重新调整产品生产程序以改善产品质量”属于“改善营销方式”的下一级。这样一来，重叠的项取消了，清单之间的条理也就更清晰了。

麦肯锡公司处理的问题大多是非常复杂的问题，而且很多时候，这些问题所涉及的范围较广，若是没有严谨的逻辑思维，很难抓住问题中的根本因素进行处理。运用逻辑树分析法，可以将复杂的问题简单化，提高麦肯锡人的工作效率。

这就好比我们在生活中遇到很多问题，被它们弄得晕头转向时，我们可以先不去理会一些小问题，而将精力着重放在一些明显的大问题上，然后顺着这个大问题向下寻找，这样必然能够发现这些小问题分别是由哪一大问题衍生出来的。只要我们抓住了关键的大问题，将其解决，小问题也就迎刃而解。

当然，有些时候，我们也需要从小问题中抓住关键点，从下而上解决问题。但是对于常人来讲，将一把豆子按类别分好，再从每一类中找到最大的一颗，一定要比直接从一把混合的豆子中挑出每一类最大的一颗要方便得多。逻辑树分析法采用的就是这个原理。当我们把小问题分门别类归好后，我们就很容易发现它们当中的关键点，并将它解决了。而当所有的小关键点都解决后，那些不关键的点也就起不到什么作用了。

逻辑树分析法的优点不仅在于能够帮助人们解决眼前的问题，还在于能够让人养成严密的逻辑思维，拥有高人一等的逻辑思维能力。曾在麦肯锡工作过的弗朗西斯科·格里洛就曾将他在麦肯锡学到的逻辑树分析法用在了他后来从事的政治工作中，成功处理了“欧盟失业”“改革意大利选举系统”等政治问题。

习惯了用逻辑树分析法分析问题的人，在生活中很少会出现不知所措的情况。因为他们的头脑中有严谨的逻辑思维，无论任何事情，在他们这里都能够分得一清二楚，条理清晰。所以他们很容易看清事情的本质，知道应该用怎样的方式应对怎样的问题。

习惯了逻辑树分析法的人在看到一个问题时，头脑中会自觉地产生一个与其相应的逻辑树，然后依次生成每一根分枝。比如麦肯锡人在看到“节约能源从我做起”这样的题目后，会自然将它放入议题树中，然后在这一题目下面生出“节约水能源”“节约电能源”“节约碳能源”等副议题。在每一副议题下，他们都会详细列出可从哪几个方面节约该能源，而在每一个方面下，他们还能列举出具体的措施。而不习惯用逻辑树分析法的人则会直接列出如何节约用水、如何节约用电等具体措施，并且这些措施之间没有逻辑性，比较随意。

当看到“企业是否有必要节约用电”这一命题后，麦肯锡人会对这一问题进行假设树分析。先假设一个答案“企业有必要节约用电”，之后会针对这一假设列举出已有的一些例子，如“节约用电可节省企业开支”“节约用电可避免火灾”“节约用电可提高工作效率”等。再以这三个例子展开阐述，以具体事例证明这三个例子的真实可行性，最后以支持“企业有必要节约用电”这一主题。

当看到“如何解决企业生产中的资源浪费现象”这一命题后，麦肯锡人会对这一问题进行是否树分析。先将企业生产中的各个环节分别作为逻辑树的一根分枝，然后对这些分枝进行“是否存在浪费现象”分析，如果答案为“是”，那么针对这一现象采取相应措施，如果否，那么继续对下一环节进行分析和判断。在采取相应措施时，同样运用是否树，提出一个解决方案后，如果问题被解决，那么该方案被采用，如果问题没有被解决，那么就要深入分析，给出其他方案，直到问题被解决为止。这样当所有现象都被分析完时，就能得出最综合的解决方案。

从上述的例子中我们可以看出，逻辑树分析法的最大优点在于令人可以条理清晰地思考问题。无论问题有多复杂，只要运用逻辑树分析法，就可以将混乱的信息分门别类归纳好，在具体操作的时候也就更简易。

5. 逻辑树分析法的实用技巧分析

麦肯锡公司招聘新员工时，常常会对员工进行一些逻辑思维能力方面的测试，这些测试看起来莫名其妙，其实却能快速测试出新员工的逻辑思维能力。如果一位员工在听到这样的问题后想不假思索便给出答案，那么他是一定不会被麦肯锡公司录取的。

有时，麦肯锡公司的面试题还会给面试者挖下一个陷阱，比如让他在两个选项中选一个。事实上，这个问题并没有标准的答案，但若是面试者直接给出答案，并禁不住面试官的质疑，那么很遗憾，他同样不能被录取，理由是他没有对问题进行调查和研究，不了解问题提出的前提，也没有进行逻辑上的判断，所以他给出的答案是没有任何价值的。

让我们来看一个问题。当有人问你去参加一场同学聚会时选择开车还是走路时，你会怎样回答呢？有的人说选择走路，理由是聚会时会喝酒，开车不方便。有的人说选择开车，理由是又快捷又舒适。若是麦肯锡的人，则不会只凭这样简单的理由就给出答案。

麦肯锡人在面对这样一个问题时，脑中首先会出现几个问题：聚会地点在哪里，距离自己有多远，聚会的具体时间是什么时候，结束时间是什么时候。

假设聚会地点在繁华区域，距离自己很近，步行10分钟左右便可到达，而去时又刚好是下班高峰期，那么他会偏向于步行，因为这样比较快捷方便。此时结束时间不是重要因素，因为即使结束时间比较晚，他只要走不远就可以回到出发点取到车，开车回家。

假设其他条件不变，只有地点发生变化，是在距离自己很远的郊区，那么此时结束时间就被作为考虑项，他会优先考虑这一时间内是否有车从郊区回到市里自己停车的地方，或者有车直接能从郊区到达他的家。此处可运用是否树进行分析，如果有车，那么可以不开车。如果没有，那么即使去时会遇到下班高峰期，也要开车。

假设其他条件不变，只有聚会时间发生变化，举行的时间比较晚，去时不会遇上下班高峰期，那么他或许会选择步行，也或许会选择开车。

有些人认为运用逻辑树思考是将简单的事情复杂化，其实并不是的。虽然这一分析的过程看起来比较复杂，但事实上，正是这样的过程将原本不够清晰明朗的事情变得清晰明朗了。在逻辑树的分析过程中，复杂的事物被一层层分开，层与层之间逻辑明确，这样才更方便人们直观且清晰地认识到应该从何处开始入手。

生活中，恰当应用逻辑树分析法也能给我们带来许多好处。当我们找不到钥匙的时候，如果我们到处乱找，也可能找得到，但是要花上许多时间，但如果我们运用麦肯锡逻辑树进行分析，我们就能缩短寻找的范围，节省寻找的时间。

当我们有点头绪的时候，我们可以假设，我们按照习惯将钥匙放在穿过的衣服或用过的包里。那么我们可以先去前一天穿过的衣服口袋里寻找，没有找到后，可以再去裤子的口袋里寻找，这样一直找下去。如果我们的假设是正确的，那么我们最后一定会找到钥匙，或在衣服口袋里，或在裤子口袋里，或在包里。如果这些地方都没有，那么假设不成立，我们需要另换一个假设。

这不是一场漫无目的的寻找，而是有理有据的寻找。在寻找钥匙的过程中，我们同时运用到了麦肯锡的假设树和是否树，先假设钥匙在某处，如果没有，那么进入下一个假设：如果有，那么假设终止。

当我们完全没有头绪的时候，我们可以分别进行两个假设，并将这两个假设安排在同一个是否逻辑树中的同一层。当第一个假设确立不成立后，我们可以进行第二个假设，当我们在屋子的某个位置做某件事时，不小心将钥匙放在了那里。

第二个假设中，我们可以按照时间顺序回忆自己之前做过的事，并将这些事并列放在假设论证的下一层。同样运用是否逻辑树对这些位置依次进行排查。如果没有，那么进入下一个假设，如果有，那么假设终止。

通常情况下，运用这两个假设之后一定能够找到钥匙。前提是，在进行假设和列举时没有遗漏任何信息。如果忘记了自己前一天穿了哪件衣服，或者忘记自己前一天做过什么事，那逻辑树用起来就很麻烦。但这样导致的找不到，不是因为逻辑树本身没有效果，而是因为信息缺失。

在麦肯锡公司中，解决问题的方法是关键。所以他们在分配任务时，往往不会考虑每个部门的配置，而是先收集数据，并在收集数据的同时构建一个总体的流程图。流程图的内容包括需要完成的工作内容，确定每项工作的负责人，确定工作需要达到的结果，以及确定工作的结束时间。其中，要完成的工作内容就可为一个主议题，并以此建构一个议题逻辑树。

团队在明确了关键问题和流程之后，便要开始确定负责人，也就是分配。在麦肯锡，内容的分工过程就是一个构建逻辑树的过程。在这一过程中，麦肯锡人会先建立一个议题树，然后在议题树的下方生出数个假设树，对假设的论证进行检验。麦肯锡人将这种假设和检验的内容称为“故事”，将阐述称为“讲故事”。在麦肯锡的会议室中，当有人问到“你的故事是什么”时，被问到的人就要提出他的假设，并列举出他的检验过程，以此来支持他的假设。当然，他们不会详细地讲完所有细节，而是只讲出“故事”的大纲。当“故事”的大纲得到认可后，负责人便可以正式开展工作了。

在日常工作中，许多问题的产生都来源于界定的不完善。特别是在团队协作中，如果任务的界定不完善，那么在工作实施的过程中就会出现很多问题。在进行任务分配时，我们也可以应用麦肯锡逻辑树分析法。

我们都知道，在一个剧组中，有导演组、制片组、剧务组、摄影组、美工组和录音组。每个大组中又分为许多小组，每个小组都负责特定的任务。在外人看来，服装、道具和化妆不分彼此，但事实上，它们都属于美工组下属的小组，每个小组所负责的任务都是固定的。

服装组应负责的工作包括对演员进行服装设计，现场临时整理演员仪表形态。道具组应负责的工作包括提供和转借有关道具，携带道具入场，归还所有道具，运用拍摄现场的道具，以及当拍摄现场出现紧急情况时进行处理。化妆组应负责的工作包括化妆，补妆，现场调整演员妆容。也就是说，如果在分配任务时将演员的整体仪表和妆容都交给化妆组去做，同时又安排了服装组调整演员的服装，那么分配任务就出现了重叠。两个小组在工作进行时也会出现摩擦。

道具组负责的只是所有与道具有关的事情。如果在分配任务时命令道具组的成员去做现场车辆的调度，那这一分配不但涉及了同级中的逻辑混乱，还涉及了下一级和上一级之间的混乱，就是越层分配，因为车辆的调度应属于剧务组中场务的工作。

运用麦肯锡逻辑树进行任务分配，在分配的过程中就可以快速发现哪两个小组的任务有重叠，及时进行调整，避免分配完成后再调整产生的麻烦。同样，运用麦肯锡逻辑树进行任务分配还可以明确将责任落实到每个组每个人头上，规定每个人的责任，若真的有问题发生，只要直接与该事的责任人进行沟通就可以。

作为团队中的一员，我们也会时常处于一个逻辑树之中。此时我们就要明确自己应该做的事，给自己的职责一个明确的界定。在工作中，如果我们的本职工作还没有做完，突然有人让我们去帮忙做另一件事，我们就要对这件事进行判定，如果这件事与我们的职责有关，那么我们可以做，如果这件事与我们的职责无关，那么我们应当拒绝，以我们职责内的事情为主。

第十章

紧急性和重要性决定优先级

人们在处理问题时，经常会遇到处理问题先后顺序的问题。事实上，先处理什么问题，后处理什么问题，并不是随意的，而是依靠逻辑思维来判断的。在麦肯锡，人们主要根据事情的紧急性和重要性决定事情的优先级，也就是做事的顺序。根据这一标准，可以快速确定事情的优先级，按照合理的顺序对大量事件进行处理，同时确保处理问题的效率。

1. 根据紧急性和重要性决定优先级暗含的逻辑思维

世上大多数人都渴望稳定的生活，希望自己能够拥有足够多的时间，按部就班地将身边所有的事情一件接一件地做完。然而，现实却并没有那么理想化。大多数情况下，我们想要做的事情有很多，而时间却总是不够用。这时，就需要我们对这些事情进行安排和取舍，决定先做什么事，后做什么事，或者不做什么事。

对于常人来说，选择总是让人为难。有些人以个人的喜好为判断事情先后的顺序，先挑喜欢做的事情做，后挑不喜欢的事情做。按照他们的逻辑，人在做自己喜欢的事时会比较容易投入，效率较高，也容易将事情做好。但在麦肯锡人看来，这种逻辑并不能作为判断事情顺序的依据，后做不代表不用做，而是仍然要做。如果一直以先做喜欢的事为准则，就容易导致不喜欢的事情被无限期拖延，最后迟迟无法解决。

麦肯锡人还指出，以喜好为判断顺序的做法过分强调了主观意识的重要性，而事物的发展遵循的永远是客观规律而非主观意识。所以，这种以喜好为判断顺序不符合逻辑。

有些人以对事情熟悉的程度为判断事情先后的顺序。这些人习惯先挑自己熟悉的事去做，按照他们的逻辑，这样可以省去很多学习和思考的时间，而且容易在短期内做出成绩，还可以留出整段的时间去处理不熟悉的事。但是他们同样忽略了一点，即事情的客观存在性。只要一天不解决，那些不熟悉的事情就会存在一天。他们在做自己熟悉的事情时，时间也在流逝，当他们决定去做不熟悉的事时，在规定时限之内，不熟悉的事情越多，需要学习的就越多，也就越容易产生焦躁的情绪，影响工作质量和速度。

还有一些人的逻辑是先做材料齐全的事，后做材料不全的事。这一逻辑看起来符合常理，但仍然禁不起推敲。在麦肯锡人眼中，如果做不完材料不齐全的事情会产生的后果要比做不完材料齐全的事情产生的后果严重，那么即使材料不齐全，他们也会将精力主要投入在这件事上。他们会先去努力收集材料，尽力让材料变得齐全，然后全力就这一件事采取措施。

麦肯锡人对人们一些普遍的观点进行了整理和总结，发现对于很多人来说，决定他们先做哪件事，后做哪件事的根本原因是，哪件事做起来快，更容易出效果，他们就先做哪件事。如果只关注短期内完成的数量，这样的衡量标准确实有效。但是从长远的角度出发，就会发现这种衡量标准只会将一些做起来慢，花费精力多，但事实上更重要的事情无限期延后，甚至有可能在事情的限期到来时，此事还没有开始进行。

在有限的时间里，当我们选择了看似花费时间少，做起来相对容易，又看上去比较紧急的事去做时，我们其实也同样投入了时间和精力。等到我们去做需要花费大量时间精力，做起来相对复杂，又看起来不那么紧急的事时，就会感到力不从心，无力顾及，以至于让本就不容易做成的事更加难做。

对于麦肯锡人来说，处理问题的顺序从来都不会让他们迷惑。在他们看来，当多种类型的事情同时摆在面前时，只要分清问题的主次，认清哪些事是最重要的，哪些事没有那么重要，哪些事不重要，就可以很

分清主次在处理问题的过程中十分重要。而分清事情主次的前提，是认清事情的紧急性和重要性。相对于各种主观原因，根据紧急性和重要性去安排事情的先后顺序要更加合理，更加客观。

可为什么有些人即使明白这个道理，可在真正实施的时候还是会困难重重？其主要原因还是在于人的逻辑思维不同。逻辑思维强的人能够对事情本身做出快速准确的判断，逻辑思维弱的人则很难分清事情的紧急性和重要性，也就是人们常说的，分不清轻重缓急。

有一些职场新人会对上级的命令言听计从，却不会动脑思考。当上级没有告诉他们哪些事情需要先做，哪些事情需要后做时，他们就会以任务下发的时间为标准，先安排的工作先做，后安排的工作后做。这样自然是不对的，因为他没有考虑到事情的重要性。如果是十分重要而且紧急的事情，即使安排的时间有些晚，也应该优先去做，做完之后再去做其他重要但不紧急的事情。

很多人在判断事情是否重要时，因为受到外界因素的影响，会先考虑事情被要求完成的期限，如果一件事情需要在今天下班前完成，那么它就是重要的事，如果一件事情需要在今天中午之前完成，那么它就是更重要的事。而事实上，这些事都不是重要的事，只是一些无关痛痒的小事而已。之所以会出现这样的情况，主要因为我们是在别人的要求

下去做事，而且给我们分配任务的人在进行分配前，没有对事情进行评估。

对于麦肯锡人来说，如果一家公司中经常听到“那件事不着急，你先放一放，先做这件事”“这个着急要，马上做出来”一类的话，那么这家公司中的管理者很可能对事情的重要性和紧急性没有一个清晰的认识，或者不具备严谨的逻辑思维。如果管理者在分配任务时认识不到对公司最重要的事情是什么，就很容易按照自己的逻辑，不断给执行者增添“紧急且不重要”的工作，影响执行者正常的工作进度。

在麦肯锡公司，不存在紧急却不重要的事情。每个人手中的项目都是重要的，所以管理者不会轻易给任何一位员工临时添加所谓的“紧急任务”，除非该任务确实紧急且重要，并且必须由该员工处理。

在麦肯锡的逻辑思维中，只有真正重要的事才是值得他们去做的，无论长远规划还是近期目标，他们都按照这一原则去设定。对于麦肯锡人来说，当手中正在进行重要的项目时，无论身边突然多了多少小事，即使那些小事看起来非常容易解决，他们都不会将这些小事放在大事之前去做。事实也证明了，这些小事对重要项目并不会产生影响，并且完全可以利用几件大事之间的间隙去做。

在一些公司中，新入职的员工时常会被要求做一些紧急但不重要的事，只要上级说“马上要”，他们就会急忙去做，并且有时一件还没做完，就被要求去做另一件。在麦肯锡公司，新员工不会被安排去做一件又一件急事，而是会被安排做指定的一件事。这样的要求使新员工能够快速适应工作模式，专心去做好一件事，从而将事情做好。麦肯锡会成功，与对员工的这一要求也息息相关。

有些员工习惯性每接到一个任务，就放下手中正在做的任务，优先对新来的任务进行处理。这种习惯是非常有害的，会导致每件事都只做到一半，甚至只做了一个开头。而且，很多事情在进行时需要连贯性，一旦被打断，就需要从头开始，这样反而会浪费更多的时间。当我们正在进行这样一件重要且不紧急的事情时，不能轻易停下来，只要新接到的不是重要且紧急的事情，那么就可以将它排在我们正在做的事情后面。先将手中的事完成，再去做其他的。

当我们确定了事情的优先级后，我们就可以分清事情的主次，并根据事情的主次对它们进行处理，不再被许多烦琐的事情弄得疲惫不堪。时刻记住先做最重要的，再做不重要的。在同样重要的事情中，先挑紧急的事情来做，后挑不太紧急的事情来做，最后做不紧急的事情。当我们能够理清问题的重要性后，即使遇到再多的问题，我们也可以从容应对，不至于手忙脚乱。

2. 如何根据紧急性和重要性确定优先级

优先级，顾名思义，就是拥有优先处理权。优先级属于时间管理的问题，在处理问题的过程中，优先级体现为优先级越高的问题越需要被重视，越需要被优先处理。那么如何确定事情的优先级呢？麦肯锡人采用的是这样的原则：重要性越高，并且越紧急的事，优先级就越高；重要性越低，并且越不紧急的事，优先级就越低。

麦肯锡在使用四象限法则之前，会先对事情进行标准评估，其方式为根据四象限法则建立两个坐标轴，一个为重要性，另一个为紧急性。在同样的环境中，重要性所起的作用要比紧急性所起的作用大，当我们面对的所有事情都是重要的事情时，紧急性才会成为我们判断做事先后顺序的标准。

对于企业来说，事情的重要性与企业的定位密切相关。企业的定位指的是一家企业通过产品和品牌，以顾客的需求为基准，进而在消费者心中建立起良好的企业文化和生动的企业形象，从而在消费者心中占有一定的位置。在麦肯锡看来，企业的定位主要取决于客户群体、获得价值的途径、战略控制的选择以及业务范围。

麦肯锡认为，当一件事情非常靠近基础服务的需求时，这件事情就具有较高的重要性。对于以环保为理念的涂料企业来说，最重要的事是研发出真正环保无害的涂料。所以企业在发展过程中，会将大量的资金和人力投入在研发环节，而不是扩大声势、快速抢占市场、提升销量。作为这样一家企业的员工，也应明白研发是企业发展的重中之重。

对于上述企业，在提倡开源节流计划时，就不能将减少研发资金作为缓解企业资金压力的办法。而若是一家不以研发出环保无害的涂料为宗旨的普通涂料企业，研发过程屡屡失败，并且多次为企业带来了重大损失，那么在提倡开源节流计划时，减少研发资金就可以作为一项重要的提议。因为对于企业来说，这不是必须做的事。相比之下，做好现有的业务，维持企业发展才是最重要的。

在一些企业中，能够直接对企业的收益产生影响的事情会被视为最重要的事。在这样的企业中工作，就需要时刻将企业的收益放在第一位。比如扩大生产比丰富产品种类更能直接增加企业收益，那么扩大生产就比丰富产品种类更重要，应优先考虑。

有些时候，有些事在我们看来并不是十分重要的，但这件事若是出现问题，公司其他部门都会受到影响。比如企业内部平台上发生了一点小故障，在程序员眼中，这只是一件再小不过的事情，十几分钟就可以解决，然而对于整个企业来说，在问题解决前，所有部门都无法使用这一平台，会导致企业项目运行不下去，所以这件事情属于非常重要的事情。

处于不同阶段，对重要的定义有时也会发生变化。比如对于一个还在学习走路的婴儿来说，最重要的事是会走，而对于一个已经学会了走路的孩子来说，最重要的就不再是“会走”，而是走得稳、走得快。对于企业也是同理，对于一家刚刚成立的企业来说，最重要的不是成为一家上市企业，而是成为一家各方面都成熟的企业。而对于一家各方面已经成熟的企业来说，最重要的就不是如何让企业稳步发展，而是让企业得到进一步的发展，在业务和规模上有所突破。

在个人发展方面，麦肯锡人认为，想要分清事情的重要性，首先要确定自己的长远目标。活在当下很重要，但做一天和尚撞一天钟的思想却是不可取的。对于每个人来说，只有确定了长远的目标，才能知道自己每天都应该做什么，应该如何去做。这样也可以避免我们在前进的道路上受到不重要因素的干扰，被一些表象所迷惑。

莉莉想要成为一名优秀的销售人员，然而在一家大型销售企业实习了三个月后，她却感觉自己没有学到任何与销售相关的经验。她对自己这三个月的工作进行了总结，最后发现自己每天大部分的时间都用在接待来访客户、收发通知、整理文件、打印文件、送资料等事情上，真正接触到销售业务的部分非常少。而造成这种情况的根本原因在于她碍于自己是新人，所以对其他人交给她的琐事来者不拒。

重新明确了自己的长远目标，并找到问题所在后，莉莉改变了自己的工作态度，着重接触和学习与销售相关的资料，而不再随便给其他员工帮忙。只用了一个月，她就掌握了销售人员应具备的基本技能，可以独立开展销售业务了。

在第三章中，我们提到过麦肯锡的20/80原则，这一原则也可以帮助我们区分事情的重要性。当我们发现在我们所做的工作中，有20%的工作内容能够为我们创造80%的业绩，而另外80%的工作内容却只能为我们创造20%的业绩时，我们就应该将这20%的工作内容看作最重要的事，在这些事上投入更多的时间和精力。

我们已知最重要的事情我们需要最先解决，相对没有那么重要的事情我们则可以排在后面解决。那么当许多重要事情同时存在时，我们如何判断它们的紧急程度呢？

区分紧急且重要的事和重要但不紧急的事比较容易，因为紧急且重要的事往往带有鲜明的特征，如果不马上做，那么后果就会非常严重。比如对生命危急的人施救，发现火灾后立刻灭火，急救中心的电话响起时立刻接听等。这些事情因为非常重要且紧急，所以会在人们心中形成一种条件反射。

作为一名公司的前台接待人员，接听电话和接待访客都是重要的职责，然而当电话铃声响起时，同时也有访客走进来时，应该先接待访客还是先接电话呢？按照麦肯锡的逻辑，应该先接电话，然后再接待访客。因为接电话的时间限制比较短，而且每一个错过的电话都可能是一个重要电话。访客既然来了，说明他有事要谈，不会立刻离开。对两件事情进行权衡，接电话更紧急一些。

除了紧急且重要的事之外，其他重要的事之间要如何区分先后顺序呢？麦肯锡建议我们可以按照事情的时限进行划分。当一件重要的事需要完成的时限比另一件事短时，那么这件事的紧急程度就强，优先级就高。反之，这件事的紧急程度就弱，优先级就低。

事实上，我们每个人在工作中最应该将精力集中于处理重要但不紧急的事情上。如果我们能够把每一件重要但不紧急的事情做好，那么我们的生活中就几乎不会出现让我们陷入混乱的情形，也不会出现什么让我们手足无措的事情。

当我们手中同时拥有两件重要但不紧急的事情时，麦肯锡建议，我们最好一件一件去完成。除非这两件事情有共通之处，或者以同件事情为基础。在判断这两件事的紧急性时，我们也可以根据事情结果要求的时限来进行判断。先做需要早一些得到结果的，后做需要晚一些得到结果的。

准确判断事情重要性和紧急性的能力与我们的个人经验有关，也与我们所处的环境有关。对于一名刚刚步入社会的年轻人来说，他用来判断事情重要性的标准会比较单薄，不太有说服力，而当他经历了许多事情之后，他就能够根据自己所处的环境和外面的形势，准确地判断出事情的重要性和紧急性。

虽然环境会对我们的判断产生一定的影响，然而无论环境变成什么样子，麦肯锡所提出的评判标准都是适用的，那就是重要性越高，并且越紧急的事，优先级就越高；重要性越低，并且越不紧急的事，优先级就越低。至于具体什么事是重要的，什么事是紧急的，那就要因时因地来进行判断了。

3. 优先级的四种情况

人们在进行时间管理时，总是在强调应该将主要的精力和时间放在最重要的事情上，而不要为一些无足轻重的小事花费太多的时间和精力。于是，管理学家科维提出了一套时间管理理论，将工作从重要性和紧急性两个程度上进行划分，从而得出了四个象限。这就是麦肯锡公司一直应用的“四象限法则”。

在四象限法则中，事情被分为重要且紧急的事，重要但不紧急的事，紧急但不重要的事，既不紧急也不重要的事四类。这四类事情的优先级逐级下降，重要且紧急的事优先级最高，既不紧急也不重要的事优先级最低。麦肯锡人在工作时，就是按照这样的优先级去处理问题的。

第一象限是重要且紧急的事。“重要”说明此事会产生重大的影响，“紧急”说明此事需要马上去做。对于麦肯锡人来说，这样的事一旦发生，就必须放下手中其他所有事情，优先对此事进行处理。因为一旦耽误了时间，让事态发展下去，事情的性质就会越来越恶化，并且会让处理此事的人陷入越来越被动的局面。

在麦肯锡公司中，所有人都会将属于第一象限的事情放到第一位去做。比如一位麦肯锡人正在研究如何完善一个刚刚接手的项目，这时他的上级突然让他将手中关于此项目的所有资料做成一份报告，一小时之后的紧急会议上要用，那么他的当务之急就是将这份报告做出来，而不是将继续研究如何完善该项目，再将完善后的计划写在报告里一并上交。

生活中，我们也应遵循这一原则。每到休息日，我们总会感到有太多事情需要做，然而如果这些事我们都去做的话，两天的休息日是不够用的，这时我们就应该挑出当中最重要且紧急的事情，优先去做。比如明天再不交电费家里就会停电，那么我们就应该优先去交电费，而不是去找几个朋友逛街吃饭，或者去健身。

第二象限是重要但不紧急的事。“重要”说明此事会产生重大的影响，“不紧急”说明我们在真正去做这件事情之前，可以有一段准备的时间，这个时间也许很长，也许很短。这样的事情往往不会马上发生，然而一旦它发生了，我们就必须将它做好，绝不可以出任何的差错，否则后果也会非常严重。

在麦肯锡人眼中，如何对待第二象限的事取决于一个人的生活态度和工作态度。第二象限的事虽然重要，但因为不紧急，在生活和工作态度不积极的人眼中，它便显得不是那么重要了。特别是当处于第二象限的事没有一个严格意义上的期限时，很多人就会对此事产生松懈、倦怠的情绪，一再拖延，甚至渐渐将它遗忘在脑后。直到事情真的发生时，他们才慌乱地应付，却找不到适当的方式。

刚进入高中时，有些学生总认为高考距离他们很遥远，不需要太早下功夫学习，于是这些学生上课漫不经心，作业也不认真去做，总是想着等明天再用功。日子一天天拖下去，直到高考近在咫尺时，他们才突然发现自己不会的知识太多了，而可以复习的时间却太少了。此时对于他们来说，原本只是重要但不紧急的事突然之间就变成了既重要又紧急的事。

从上面的例子中我们可以看到，如果我们处理不好第二象限的事，那么第二象限的事就有可能转化为第一象限的事。正因如此，麦肯锡公司的人绝对不会轻视第二象限的事，在他们看来，处理好第二象限的事能够对个人和企业产生积极影响。个人长期规划一类的事往往被他们归于第二象限，因为个人长期规划的目标是重要的，而实现这一目标的过程是漫长的。企业的调研也往往会被他们归于第二象限，因为调研的过程是为了积累更多的经验，从而促进企业未来的发展。

麦肯锡人在经验中发现，第二象限的事情更容易做出成绩。因为第一象限的事由于时间紧任务重，在进行的时候会非常吃力，也难以做出很好的成绩。而第二象限的事情既重要，又不是非常紧急，这就使得人们可以提前做好准备，准备充分后再具体实施。

对于麦肯锡人来说，不紧急的时间恰好是储存能量的最佳时机，他们可以利用还未到来的时间充实自己，提升自己的工作能力，这样在第二象限的事时限到来时，他们就可以顺利地将这一事情解决。这就好比对于赛场上的每一位运动员来说，正式参加比赛前，他们必须每日坚持不懈地训练，提升个人能力，最后才能在比赛中取得较好的成绩。

区分第一象限和第二象限很容易：比如依靠锻炼来保持健康是第二象限，看病是第一象限。当一个人已经生病时，就应该先去看病，而不是为了坚持锻炼而不去看病。防火是第二象限，救火是第一象限，当火灾已经发生时，就应该先灭火，而不是考虑怎么让周围的环境更加安全。

第三象限是紧急但不重要的事。这些事时常会给人们造成一种假象，让人们陷入焦躁和不安之中无法自拔。有时，这些事情还会让人们忘记真正重要的事，而对其投入大量的时间和精力。这是最糟糕的情形。遇到这种事时，我们最需要注意一点，就是不要因为事情紧急而自乱阵脚。因为我们越是慌乱，越容易将事情做坏。

皮特是一位足球球迷，对他来说，今天晚上11点有世界杯直播这件事算得上是一件重要且紧急的事。然而快下班前，他的领导却让他加班修改一项设计，设计必须第二天早上交给客户。皮特为了能兼顾两者，决定先改一部分设计，等看完球赛后再改另一部分设计。看完球赛后，皮特因为过于疲惫，在修改中出现了许多错误，影响了公司的业务。在这一案例中，皮特犯的错误就在于他将紧急但不重要的事情放在了第一位，而忽略了真正紧急而重要的事情。

第三象限的事往往会因为它们很紧急，而让人误以为它们十分重要。事实上，事情的紧急性与重要性并没有绝对的关系，不是所有紧急的事都很重要，也不是所有重要的事情都十分紧急。在对第二象限与第三象限进行区分时，麦肯锡建议人们一定要清楚“重要”和“紧急”之间没有必然联系这一点。

在麦肯锡公司中，当人们无法第一眼就分辨出一件事情属于第二象限或是第三象限时，会遵循这样的一个原则，当面前的两件事情都十分紧急时，要以“重要”的程度来判断先做哪一件。如果这件事十分重要，那么它属于第二象限，应优先处理。如果这件事只是紧急但不是十分重要，那么它属于第三象限，可稍后处理。

一家超市里的限时抢购活动就要开始了，有不少人早已等在那里，对于他们来说，参加抢购活动是最紧急的事情。就在此时，超市的火警铃声突然响了起来，虽然暂时不能确定是警钟误鸣还是真的失火，但此时最紧急且重要的事只有一件，那就是快速离开超市。也许对于一些等待抢购的顾客来说，抢购也是紧急且重要的事，但相较于逃离火灾现场，抢购的重要性明显要很弱，所以在这一案例中，优先级最高的是逃离火灾现场。

第四象限是既不紧急也不重要的事。这些事通常情况下没有人会去做，但如果有足够的时间时，我们也可以选择其中一些作为生活的调剂品，比如看电视剧、逛街、打球、跑步等。这里需要注意一点，有些事情的性质需要因人而异。比如对于一位编剧来说，他需要通过看电视剧来学习成功电视剧的模式，并了解现在的影视市场，那么看电视剧对他来说就不是既不紧急也不重要的事。而对于一位长跑运动员来说，他需要每天进行体能和技能方面的训练，那么跑步对他来说就不是既不紧急也不重要的事，而是非常重要的事。

根据上述原则，我们就可以对生活中的一些事情进行象限上的划分。当我们将事情按照象限进行划分后，我们会发现生活变得容易得多。我们再也不需要因为分不清事情的先后顺序而感到头疼。

4. 根据紧急性和重要性决定优先级的优点

马路上一辆公交车与一辆小汽车相撞，小汽车的司机重伤，流血不止，已经陷入重度昏迷，公交车乘客中有数人受到撞击导致轻微骨裂或骨折，数人脏器受损导致内出血，多人身上有皮外伤。对于所有受伤的人来说，接受救治都是非常紧急的事情，然而医生在进行抢救时，并不会因为他们表现出的紧急程度而决定先救治谁。

在医生抢救的过程中，根据紧急性和重要性决定优先级的优点得到了充分体现。一位经验丰富的医生能够根据伤者的体征等初步判断该伤者的伤势，在抢救的过程中，伤势的重要性决定其接受救治的紧急性。在还有抢救价值的伤者中，伤势越重的人越需要进行紧急抢救，即优先抢救。虽然骨折对于个人来说是很严重的伤势，但相比之下，单纯的骨折不会危及生命，甚至不及内出血的伤者严重，所以医生会将他们的治疗排在重伤者之后。这样，重伤者可以尽早得到治疗，避免伤势恶化，也有更大的机会挽救他们的生命。

我们都知道抢救一旦错过了最佳时机，极有可能导致死亡。虽然按照紧急性和重要性决定优先级不能百分之百拯救所有人的性命，但足以使被拯救的人数达到最高。麦肯锡会根据紧急性和重要性决定优先级，其原因与医生抢救伤者的原因类似。虽然在咨询工作中涉及不到人员的伤亡，但这一决定方式的目标却是相同的，即提高工作效率，确保工作质量。

在工作中，根据紧急性和重要性决定优先级的优点可以帮助我们掌握工作的节奏，合理安排工作的内容和顺序。

每个人的能力都是有限的，在一定时间内处理信息的数量也是有限的。当上级给我们安排任务时，我们需要确定该任务所处的象限，并以个人能力为标准，决定接受或拒绝。如果我们分不清任务的象限，等到所有任务都接到手里后才发现自己无力承担，那么到头来很可能造成任务大量堆积，或者取其一而舍其他，或者哪一样都无法完成。无论我们最终选择了哪一种结果，都会影响公司的进度，也会令上级对我们的能力产生质疑。

麦肯锡的咨询顾问都有着丰富的经验和极强的工作能力，但是他们在接项目时，也不是照单全收，而是会分清项目所属的象限。对于一位最多同时承担一个第一象限项目和一个第二象限项目的麦肯锡人来说，他绝不会在手中已有一个第一象限项目时再接一个第一象限项目，因为他的时间和精力都不允许他再去接这样一个重要项目。也正因如此，麦肯锡人都能够确保自己工作的完成。

紧急性和重要性是比较明显的特征，我们可以很容易通过一些评判标准来确定一件事是否重要。一旦发现它是重要的，我们就可以将它的优先级提前。虽然有时紧急的事情也会对我们造成一些迷惑，但只要稍加分析，就能发现它是否重要。在生活中，当我们同时面临许多事情时，我们只要区分出它们之间的重要性，就能决定哪些应该先做，哪些应该后做，之后我们再从重要的事情中挑选出紧急性比较高的一些，放在最前面去做。

当我们能够通过紧急性和重要性确定事情的优先级时，我们就可以避免一些看似着急其实不重要的琐事影响我们的正常工作。在麦肯锡公司，从来不存在不重要却又急着做的小事，也不会有人为了一些不重要的小事去浪费自己和同事的时间。上级向下级发布任务时，所有的任务都是重要的，是必须完成的，但是任务进行的顺序必然是按照其重要性进行排列的。先做的一定是重要且紧急的，后做的一定是重要但不紧急的。

有些时候，别人在要求我们做某件事时，会特意加强语气，将事情说得很急切，如果我们也被他们的情绪所影响，跟着着急起来，那么我们就很可能给自己挖了一个大坑。这种事情最常发生于一些基层员工身上，他们经常会收到上级下发的各种任务，而这些任务之间没有必然的联系。当每一个任务下发时都伴随着急切的语气时，他们就会产生焦躁和迷茫的情绪，找不到头绪，不知道应该怎么做。

麦肯锡人如果遇到这样的情况，他们不会为之所动，而是会冷静下来，分析一下这些事情的重要程度，将它们排列出一个顺序。最后，按照优先级的高低一件一件处理这些事情。即使在处理的中途有人来催促，他们也能够稳定自己的心态，只按优先级去做事，这样他们的工作步调就不会被打乱。在工作中步调的平稳是很重要的，将这一步调掌握好，做起事情来就不会那么累。

根据紧急性和重要性决定优先级，也可以让我们在向别人阐述自己的理由时有更多信心和勇气。因为从逻辑上来看，重要性必然是放在第一位的，所以任何其他的理由都不能推翻重要的事需要优先做的结论。将重要的事按照紧急性排出先后顺序，做完一件再去做另一件，无论是谁都挑不出毛病。

对于不重要的事情，要记得，无论它有多紧急，它都仍然不重要。而既然不重要，就不需要急着给出具体方案，而是应该进行好的评估，之后再决定解决方案。否则即使我们按照对方的要求，快速完成了该任务，对方仍然会对我们的工作不满意。为什么？因为他们自己心中都没有一个明确的目标，没有考虑清楚，所以才会看什么都不满意。

人们对于同一件事的理解不同，在判别该事的重要性和紧急性时也会不同。麦肯锡人在判断事情的这两方面时，采用的是严格遵循正确的逻辑思维，不将个人感情放入其中。当提出要求的一方坚持由麦肯锡人处理在他们看来“紧急且重要”，在麦肯锡人看来却只是“重要但不紧急”的问题时，由于双方对重要性和紧急性持不同理解，麦肯锡人会先试图将对方带入自己的逻辑内，运用自己的逻辑思维说服对方，令对方接受他们的逻辑，将第一象限的事放入第二象限。

如果无法说服，而问题又必须解决，那么麦肯锡人会考虑另外一种方式，即试图从自己正在进行的项目中找到可与对方所说项目相同的点，对两个项目进行并项，一起运行。有时，如果对方的项目无法进行并项，那么麦肯锡人会宁可失去这个客户，也要先将手中重要的事做好。

根据紧急性和重要性决定优先级也可以帮助我们快速辨别出我们的时间和精力分配是否正确。我们可以根据这一评判标准先对每件事情的优先级进行一个判断，之后将这些事情分别放入恰当的象限中。之后我们再总结出我们在每件事情中所付出的时间和精力，看我们所付出的时间和精力与事情的优先级之间存在怎样的关系。

如果我们大部分的时间、精力都用于处理紧急且重要的事情，那么可以确定我们每天都在大量消耗精力。如果我们任由这种情况发展下去，那么我们的精力消耗就会越来越严重，总有一天会透支，再也无力应对。然而我们却仍然会习惯性将处理紧急且重要的事情作为生活的主要内容，我们的处理速度会下降，效率会大幅度降低，不但会影响工作，对于我们自身也是一种损害。

如果我们大部分的时间、精力都用于处理紧急但不重要的事，那么可以确定我们一直在被动地工作。因为我们已知那些事并不重要，所以我们不会优先去处理它们。但事实上我们确实在处理这些事上花费了大量时间和精力，那么只有一个原因，就是我们是在别人的要求下去处理那些事的。

如果我们大部分的时间和精力都用于处理不紧急也不重要的事，那么可以确定我们一直在浪费我们的时间和精力，这也是对我们不利的。最恰当的分配是将大部分时间和精力用来做不紧急且重要的事情，因为这样的事情能让我们按部就班地成长和进步，也不会过度损耗我们的精力。可见，学会根据紧急性和重要性决定优先级，我们就能更合理地分配时间和精力，避免浪费。

5. 根据紧急性和重要性确定优先级的实用技巧分析

比尔、唐纳和杰森三人面前有一个第一象限项目，三人的工作能力一样，都是每个月只能接一个第一象限项目和一个第二象限项目，但是此时比尔手中已有一个接近尾声的第一象限项目，唐纳的手中有一个进行到一半的第一象限项目，而杰森手中只有一个准备中的第二象限项目。从三人的现有条件来看，只有杰森有足够的能力接受这个新的第一象限项目。比尔手中的第一象限项目虽然已经接近尾声，但毕竟还在进行中，而且收尾的工作也十分关键，若是在此时分心去做另一个同样重要的项目，很有可能得不偿失。

处于第一象限的事情具有极高的重要性，这也就意味着它们必须被解决，且不可以失败。所以麦肯锡提醒我们，千万不要高估自己的能力，在承接项目时，要根据自己的实际情况去接，千万不要本末倒置，让自己陷入困境。如果上级安排了超出我们承接范围之外的项目，要懂得拒绝，不要贪图功绩，最后反而让自己一败涂地。

麦肯锡人从来不会做那种得不偿失的事。当他们面前突然间出现许多“重要且紧急”的事情时，他们会先对这些事情产生质疑。想要确定事情的重要性，首先要对该事情进行准确的评估。评估应是全面的、客观的，不是因为某人说它重要所以它就重要。否则当十个人各执一词，都说自己的事情最重要时，我们同样无法分清楚到底哪一件事才是最重要的。

此外，我们还应打好基础，也就是事先做好第二象限的事。现实生活中，很多第一象限的事在发生前都会经历第二象限，只是人们对它不够重视，所以才会使它最终变成第一象限的事。这也从另一个角度反映了对事情进行准确评估的重要性。如果能够事先对事情进行准确评估，那么就能够及早发现第二象限的事情，并对其加以重视。这样第二象限的事就不会突然变为第一象限的事。

能力不是一天养成的，对于想要成为摄影师的人来说，他们既然以摄影师为目标，那么就需要进行长期的学习和练习，平日里多积累经验，掌握各种拍摄技巧。而不是在接下一组指定风格照片的拍摄任务后，再将学习相关知识作为重要且紧急的事情。

在企业中也是如此，所有麦肯锡人平日里都非常重视自我发展，注重学习，所以对于他们来说，一个“紧急且重要”的问题必然是一个需要立刻解决，并且对企业产生重大影响的问题，而不是一个对企业不会产生极大影响，但需要他们立刻去学习才能解决的问题。

在解决第二象限问题的时候，麦肯锡给出的建议是，可以制订周期性计划。没有人能一口吃成个胖子，饭要慢慢吃，问题也要慢慢解决。无论是企业还是个人，在制订规划时都会包含长远规划和近期规划，长远规划是一个比较大的范围，其目标也比较高，短期内难以达到；近期规划是一个小一些的范围，其目标相对低一些，比较容易达到。当目标已定，时间并不十分着急的情况下，麦肯锡认为按照周期计划循序渐进是个达成目标的好办法，这样一来可以保证持续进步，二来可以避免目标过高影响积极性。

以地产企业为例，想要实现一年内总体销售率达90%以上，可以将全部计划分为渗透期、预热期、强销期、过渡期、二次强销期和持续期六个周期。在渗透期，主要目标是积累客户，确认顾客的购买意向；在预热期，主要目标是完成销售预定的房源数量，使开盘销售率达到70%；在强销期，主要目标是在完成预期销售房源数量上再多售出100套；在过渡期，主要目标是加推80套房源；等到二次强销期时，继续加推150套房源；到持续期时，争取将总销售率达到至少90%。

按照麦肯锡的思维，在最后一次销售之前，所有的步骤都属于铺垫，每一个步骤中的目标都属于重要且紧急的事情，但若是上一个步骤没有完成，那么下一个步骤就属于重要但不紧急的事情，最终目标也属于重要但不紧急的事情。

生活中，如果有人向我们求助，我们也可以根据他求助的性质来决定是否帮他这个忙。当有人请我们帮忙时，如果对方所提出的求助属于第一象限，并且我们有多余的时间和精力去帮他，那么我们可以选择帮忙；如果对方所提出的求助属于第二象限，我们可以先不采取行动，而是进行一番思考，进行反复评估后再做决定。

但如果第三象限的需求过多，不但会让执行者产生大量负面情绪，扰乱事情的正常运行，还会产生大量资源上的浪费。由于这种情况大多是由他人所引发的，因此麦肯锡人建议我们，要做一个坚持原则的人，并且要让其他人知道我们的原则。

有些人碍于各种各样的原因，不会拒绝他人的请求，习惯性地答应给所有人帮忙，结果给自己添了许多负担，也影响了自己正常的生活。这就是没有原则的表现。没有原则的人容易被强加给许多事情，而且这些事情中大多都是第三象限的事情。之所以推到了这些人身上，并不是因为这些事有多重要，非他们不可，而是因为没有其他人愿意将时间和精力浪费在这些事上。

麦肯锡人如果遇到这样的情况，首先会冷静地向对方分析这些事是否重要。如果对方的逻辑与麦肯锡人的逻辑不符，认定这些事情非常紧急且重要，那么问题就变得有些棘手了。此时，即使麦肯锡人将事情的关系清楚地摆在他们面前，他们也不会承认这些事并没有那么重要。那么就要表明态度，让对方明白自己的原则是什么，底线在哪里，让对方知道自己无论如何都不可能将他们的事情作为紧急且重要的事情去处理。

如果一个人每天在公司都非常忙碌，却又一直没有产生什么根本的业绩，在写工作总结时也找不到值得一提的内容，那么这个人就需要仔细考虑一下，自己是否一直在做一些第三象限或者第四象限的事情。同样，在考虑时，需要先根据实际情况进行评估。也许有些事情在我们看来是重要的，而对于公司来说却并不重要。

作为基层员工，处理日常琐事总是免不了的。但如果将精力都用于处理这些琐事上，那么业务水平就永远不可能提升。几乎所有的公司都喜欢雇用勤劳的员工，但如果这个员工的勤劳用错了地方，那么无论他多么肯吃苦，多么任劳任怨，公司也不会提升他。

能分轻问题的轻重也是麦肯锡人必须具备的能力之一。麦肯锡需要的是能够分清问题的轻重程度，不受日常琐事困扰的员工。如果一名员工在处理自己手头项目的过程中，可以轻易被其他部门或工作组的人派去做一些琐事，那么这名员工也是不适合在麦肯锡继续工作下去的。要知道，麦肯锡需要的是能够真正处理问题的人，而不是一个习惯了为别人跑腿打杂的人。

我们在工作中，也应该清楚我们的主要职责，并有自己的原则。虽然许多职场类的书籍都告诉我们，在公司里要多做事，多学习，少说话。但所谓的多做事并不是指做不重要的事，而是做重要的事。大公司里每一个部门都有特定的职责，如果身为前台接待人员，接待来访的客人，为客人倒水，记录来访信息都是应该做的事，但如果身为一名市场部的员工，就不应该被打扫办公室、接待客人或修理办公设备一类的事分散太多的精力和时间。

在判定事情的重要性时，麦肯锡人还提醒我们，除了要考虑到自己的职责外，还要从基础服务、利润来源、战略支持和与公司的关联性四方面去判断。当一件事情或非常靠近基础服务的需求，或直接对公司的收益产生影响，或能够对公司决策起到支持作用，或能够牵扯到其他部门的重大功能，那么这件事情的重要性一定是非常强的，优先级也是非常高的。

第十一章

从问题背后着手
问题本身逻辑

很多人都不喜欢问题，认为问题一旦发生，就会给人们带来数不尽的麻烦，影响人们的生活。可是也有一些人偏偏喜欢问题，视问题为机遇。事实上，问题的产生都是有原因的，解决问题也并没有人们想象的那么困难。问题的原因与问题之间存在着必要的因果关系，只要发现了这种因果关系，进而发现了问题产生的原因，那么问题就可以轻松被解决。一旦问题得到了解决，无论对个人还是对集体，都是一件非常有益的事。因为这样一来，个人和集体都得到了锻炼，并且得到了成长。

1. 问题背后是必然存在的

问题其实是一种表面现象。在它的背后，往往隐藏着更重要的东西，那就是事实。在麦肯锡人眼中，解决问题时必须要遵循的最重要规则就是“以事实为基础”。对于问题来讲，它的背后就是事实真相。麦肯锡公司清楚地认识到这一点，所以每当有客户提出一个问题时，所有麦肯锡人都不会只看问题的表面，而是会对问题相关的资料进行大量搜集。麦肯锡的一位资深项目经理甚至将搜集和分析的事情作为存在于公司的理由。

先看事实是麦肯锡的一个传统。在麦肯锡，即使是有着数十年经验的咨询顾问，也不会在面对客户的提问时将答案脱口而出，而是要先对该问题进行一定的了解。因为他们知道，他们的经验只能帮助他们进行快速的思考，对已知的信息进行分析，而不能对未知的信息进行推测。当他们所了解到的事实不足以支撑他们全部的推理结构时，他们会选择先去收集资料，直到资料充足后，才会开始分析。

麦肯锡人的处事方式在一些人眼中是多此一举，但事实上，这并不是。每一个行业的人都有其所长，同时也有其所短。对于麦肯锡的咨询顾问来说，他们的所长就是对数据进行处理和分析，得到解决方案，而他们的所短就是对其他领域知识的欠缺。毕竟在这世上，没有什么人可以同时对多个领域有极为透彻的了解。麦肯锡人也是普通人，即使他们能对大部分行业略知一二，也不能通晓所有。所以，他们必须先了解事实，才能进行下一步的工作。

多年前，麦肯锡公司的一位项目经理接到了一个项目，其目的在于帮助一家大型银行改善外汇方面的业绩。因为对该银行的业务并不了解，于是这位项目经理和他的团队进行研究后，决定以后勤部门为样本进行假设，并以降低后勤部门30%的经营成本为目标，对这一假设进行验证。如果该假设成立，那么他们就可以将这一模式应用于银行其他部门。

假设和目标确定之后，项目负责人便前往该银行，请银行的后勤部门为他们提供一些资料。银行后勤部门的负责人对项目负责人的做法表示怀疑，并对这位项目负责人说："我可以理解你为什么会来找我，也可以理解你正在努力想将事情做好，可既然你们从来没有做过我们这份工作，那么你们一定不了解我们这一行的操作流程，就算你们根据我给的资料做出了报告，报告中的一切数据也应该都是我已经知道的了，所以在我看来，你们在做无用功。"

麦肯锡的项目负责人并没有反驳这位后勤部门负责人，而是将资料拿回公司仔细做了研究。最后他发现，在这些资料里，有一项产品的生产成本大约占了部门总生产成本的50%，而其产生的业务却只占了部门总业务的5%。也就是说，正是这项产品的存在拖了部门整体业绩的后腿，导致该部门整体业绩无法提高。而在当时，银行的相关人员竟完全没有意识到这一点。

项目负责人的假设得到了证实后，便套用对后勤部门的分析模式和理念，对其他的部门也展开了分析。最后，项目负责人在此项目中取得了非常好的结果，客户也对他们的工作非常满意。

在这一麦肯锡成功案例中，麦肯锡的项目负责人起初并不知道事实是怎样的，于是没有直接采取措施，而是先做了一个假设。直到手中有了足够的资料，并且假设被认证为真之后，他才开始正式处理自己接到的项目。可见对于麦肯锡人来说，事实才是指引着他们前进的方向。

对于麦肯锡的新人来说，是否能够掌握足够的事实更加重要，甚至决定着他们是否能够胜任这份工作。虽然麦肯锡是一家世界级的公司，却对人才要求极高。但即使这样，在麦肯锡的客户们眼中，如果他们的咨询顾问是一位刚刚二十多岁的年轻人，那他们对这位咨询顾问所说的话也不会很信任。所以对于麦肯锡的新人们来说，想要在首次处理业务时得到客户的信任，就必须拿得出足够分量的事实。

看清事实对于解决问题起着重要作用。这就好比我们朝着一个方向前进时，必须看清楚脚下的路，才能走得稳，走得顺利。如果我们没有看清脚下的路，急于求成，或是摸索着前进，就极容易跌倒。当然，我们只能看得清眼前的路，而看不到太遥远的路。这种情形在处理问题的过程中体现为，当我们在处理一个问题时，我们只能对已发生了的事情进行处理，却不能对还未发生的问题完全掌握。虽然我们也可以在这种情况下采用假设的方法，但假设的作用只是为了验证假设的真伪，而不能直接作为事实使用。

如果将假设当成了事实，那么就可能在验证假设的过程中刻意忽略一些对验证假设为真不利的因素，只将注意力放在那些对证明假设为真有利的因素上。这种验证是片面的，所验证出来的结果自然也不准确，不可以被广泛应用。

发现问题背后的真相是件严谨客观的事情。问题的背后有着许多我们无法一眼看到的东西。但我们看不到它，却不说明它不存在。就像白天我们看不到天上的星星，可并不说明星星在白天就不存在一样。也许我们在刚刚接触一个问题时，看不到问题的根本原因，只能看到问题的表象，但这不要紧，只要我们抱着严谨的心态去审视这一问题，就一定会发现原因。

问题背后是事情的真相，这是不可否认的事实。当我们明白这一事实后，就要用客观理性的思维去看待每一个问题。然而由于人类的一些本能，以及以往经历对人们造成的影响，主观意识总会不自觉地在我们的思维中起着主导作用，使我们落入主观的陷阱，进而看不清事情的真相。

生活中，人们可能会因为自己经历过的事情，对某些人、某些事产生一些主观的思想。所谓一朝被蛇咬，十年怕井绳，有的人在某件事上经历了几次失败，于是再遇到类似事情，就认为这事绝对不可以去做。有的人被某一行业的人欺骗过，便认为这一行业的人都是骗子，所说的话都不可以相信。事实上，人应该从失败的经验中汲取教训，但不能在没有分清问题的根本原因时，就对这些问题产生主观性的偏见。懂得提防是对的，可也不能将所有类似的事情一概而论。

对于麦肯锡人来说，所有的问题背后都有更深一层的原因，这些原因可能是单一的，也可能是复杂的。单一的原因很好处理，但如果是复杂的原因，那么他们还需要从中找出最关键的原因，作为问题的关键点，着重对这一原因进行处理。在这一复杂的过程中，麦肯锡人时刻谨记要以事实为主的原则，摒弃自己所有的主观思想，百分之百地尊重事实，以免陷入误区。

主观意识过重是件可怕的事，它会使我们沉浸在自己的观点中无法自拔，哪怕自己的观点是错误的，也不肯将它更正。主观的人容易产生偏激的思想，将所有与自己不同的观点都视为别人在与自己作对，这样的人非常容易犯错，不知悔改，而且极容易一再犯同样的错误。在看待事情时，他们容易按照自己的观点去评判事情的对错，于是看不到事情的真相。

麦肯锡提醒我们，千万不可凭主观意识去判断事实真相，这并不是说我们应该完全不理会个人感受，而是要保持冷静，不能被主观意识所控制而失去理智。当我们因主观意识对某事或某人下了定义时，一定要提醒自己，不要被这个定义牵着走。只有客观的研究才能做出准确的判断，只有客观的人才能更加接近事实真相。

试着回答下面的几个问题：当事实的真相与你所希望的相差甚远，你是否能努力说服自己接受事实？如果这一真相是由一个你所不欣赏的人发现的，你是否能够抛下对那个人的成见，接受这个真相？如果有人提出了一个最佳的解决方案，而你却并不喜欢这样的处理方式，此时你是否能够一视同仁，从解决问题的角度出发，接受他的方案？

如果上述的问题你的答案都是“是”，那么恭喜你，能够客观理性地对待身边的问题，也更容易接触到事情的真相。

2. 问题背后和问题本身的逻辑联系

问题背后指的其实就是问题产生的根本原因，所以它们之间存在着因果关系。只不过有些因果关系是直接的，显而易见的，能够被我们一眼察觉，有些因果关系是间接的，隐藏在重重表象背后，不容易被我们发现。

与问题本身存在直接因果关系的事实很容易理解，比如袋子破了，袋子里面的东西掉了出来，那么袋子破了和东西掉出来这两件事之间就存在着显而易见的因果关系；再比如说一个人撞到了头，之后觉得头痛，那么撞到头和头痛这两件事也存在着显而易见的因果关系。

与问题本身存在间接因果关系的事有时就不那么容易被人理解。比如一个人头痛，却没有撞到过头，那么我们就很难判断他究竟是因为什么而头痛；又比如一辆行驶在马路上的汽车突然停了下来，我们也很难判断车子究竟为什么停下来。

问题是由事实演变出来的，它的产生和发展都受到事实的影响。既然问题本质会对问题产生重要影响，那么我们就需要用正确的态度去面对问题的本质，而不是只关注问题的表象，而不究其根本。麦肯锡告诉我们，解决问题的关键在于知道问题背后隐藏着什么样的实质，只要我们找出了隐藏在问题背后的实质，也就找到了问题产生的根本原因，这样我们才能真正彻底解决问题。

在麦肯锡人看来，发现问题的原因才是解决问题的关键。虽然有时候，问题看起来很棘手，让我们摸不到头绪，但事实上，我们感到棘手只是因为我们没有找到问题的根本原因，当我们发现了根本原因后，我们会发现，有些问题其实真的很容易解决。

有一个流传很广的关于美国福特公司的故事，讲的是公司内部一台巨型发电机发生了故障，而公司内部的技术员中没有一人能够解决。于是，公司请来一位德国的著名专家来帮他们想办法。专家对发电机进行了仔细的检查，足足花了两天的时间，最后在一个位置画了一条白线，并告诉技术员，只要把画线地方的线圈多绕一圈，问题就能够被解决。技术员按照专家的话去做后，果然问题解决了。

问题解决后，专家开出了一万美元的检修费。所有技术员都觉得不值，因为这个问题解决起来实在太容易了，任何一位技术员都能够做到。然而他们忽略了一件事，他们任何一个人都无法发现这一问题的根本原因，而专家却可以。可见，有些时候问题的根本原因并没有表面看起来那么难以解决，想要解决问题，只要发现根本原因，就可以迎刃而解。

事后，福特公司的老总将一位负责该机器的技术员开除了，虽然导致机器故障的技术员有两名，但另一位技术员及时发现了机器有问题，而这位技术员连问题都没有发现。从福特公司老总的做法中，我们还可以看出另一件事，如果没办法发现问题的根本原因，那么至少要学会发现问题，重视问题。因为只有发现了问题，才会想要去寻找问题的根源。如果连问题都发现不了，那么早晚有一天，这个问题就会成为引发另一个更大问题的原因。

麦肯锡认为，在处理问题时，如果没有发现问题的本质，或者对问题的本质了解不够充分，那么就很可能在遇到问题后不知道如何更好地解决。即使做出处理方案，也只是治标不治本，不但浪费资源，还会让问题变得更严重。

麦琪和露丝同是一家公司的新员工，并且同样从事办公室文员的工作。作为文员，要经常和其他同事接触，进行沟通。在刚刚进入公司时，两人因为对环境不熟悉，和同事关系也比较生疏，在工作中难免遇到许多不顺利。面对同事的冷淡态度，麦琪首先分析了自己的问题，得到自己欠缺沟通技巧的结果，于是她努力弥补自己在这方面的不足，调整自己的说话语气和用词方式。一个月后，麦琪与公司的同事相处得已经非常好，当她在工作中遇到困难时，其他的同事还会主动帮助她。

露丝则没有找准自己的问题所在。她将问题的根本原因定义为同事们看不起她，故意排斥她，不配合她的工作。在这样的心态下，露丝采用了故意讨好其他同事的方法，努力迎合其他同事的喜好，主动为其他同事做一些琐碎的事情。然而因为她表现得太过卑微，语气中总流露出一些委屈的情绪，同事们仍然对她不冷不热。最后，露丝从公司辞职，并得出一个结论，这家公司的同事太不好相处。辞职后，露丝又去了另一家公司。这一次，她选择用高傲的态度去与人相处，以为这样就不会再有人看不起她，结果同样很糟糕。于是两个月后，她又辞职了。

按照麦肯锡的思维，露丝的错误在于她只发现了自己身边的问题是与同事相处不够融洽，却没有发现问题的本质在于自己看待别人的心态是错的。如果她一直不能发现自己与人交往中真正的问题所在，那么无论她换多少份工作，结果也都是一样的。

从上面的例子中可以看到，问题背后和问题之间的关系就是强烈的因果关系。没有问题背后的本质，就没有问题的产生。在我们的生活中，没有什么问题的本质是无法解决的，只不过有些问题的本质比较容易解决，有些问题的本质比较难解决，有些问题的本质解决起来比较快，有些问题的本质解决起来比较慢。

有些问题和问题的本质之间隔着好几层因果关系，这样的问题看起来就比较难以摸到头绪，解决起来也就比较复杂。但归根结底，问题本质对于问题来说同样是因果逻辑关系。麦肯锡建议，只要我们多问几个“为什么”，就可以发现它们之间的关系了。

有一次，通用汽车黑海制造厂收到一封客户的投诉信，客户说他每次开着黑海牌汽车买完香草冰淇淋后，车子就没办法正常启动，但他要是买别的冰淇淋，车子就可以正常启动。黑海制造厂的总裁十分诧异，便派了一位工程师亲自去体验一下。工程师经过体验，确认客户说的是真的。于是他多次体验，收集数据，并对这些数据进行分析，终于发现车子不能正常启动的原因是客户买香草冰淇淋所花的时间比较短，汽车没有足够的时间冷却。

该工程师又对汽车做了进一步的研究，发现汽车需要较长冷却时间的根本原因在于“蒸汽锁”的设计。也就是说，导致客户一买完香草冰淇淋就无法正常启动车子的根本原因在于这个“蒸汽锁”。最后，工程师对这一“蒸汽锁”进行了改良，车子的问题也得到了解决。

无论问题本质与问题之间的因果关系明显或是不明显，对于麦肯锡人来说，既然已知它们之间有着绝对的因果关系，那么只要有心，就一定能够发现问题的根本原因所在。在世界知名品牌宝洁公司中，有一个基本的处理问题的模式为寻找问题—发现问题—分析问题—降低损失—

研究问题—解决问题。在这一模式中，寻找问题是指找出各环节之中的问题，分析问题指的就是根据逻辑关系找出问题的根本原因，研究问题是指就这一根本原因进行研究，最后才能够解决问题。

问题的根本与问题之间有着密切的因果关系，小问题与小问题，小问题与大问题，大问题与大问题之间都存在着因果关系。这些原因可能是来自某一件小事，有可能是来自某一个大环境，也有可能来自某一个人。无论原因来自哪里，只要我们掌握好原因和问题之间的因果关系，明白凡是问题都有其产生的原因，就没有解决不了的问题。

3. 如何从问题背后着手问题本身

有些时候，问题表现给我们看到的和它的本质并不是一回事。而恰恰很多人都被表面现象所迷惑，忽略了问题的本质。想要从问题背后着手问题本身，就需要我们拥有极强的逻辑分析能力。这样才能对一个问题进行抽丝剥茧，找出关键的原因。

麦肯锡建议我们，在探寻问题的本质时，我们可以对问题的表象进行逻辑分析，看其中是否有不符合逻辑的地方。如果有不符合逻辑的地方，那么这一表象就很可疑。

以出现在国内多地的“求助者”为例，从表面上看，他们是出门在外时遭受意外，身无分文，需要帮助的人，而当我们发现他们拿到钱后不离开，也不肯寻求警察的帮助，只是每天都出现在繁华街道进行“求助”时，我们就要思考一下，这些人究竟是不是真的遇到了困难。

如果真的是遭受意外的人，他们第一时间应该去寻求警方的帮助。即使行李、钱包和电话都丢失了，也可以通过警方联系到他们的家人，请他们的家人来接他，或者采取其他的方式帮助他们回家。然而他们没有选择求助警方，而是采取了在街上“求助”，请好心人给他们吃饭的钱或路费。甚至在路人提出带他们向警方求助时表示拒绝，那么这一点就非常不符合逻辑。

根据这一逻辑，我们就有理由怀疑这样的“求助者”并不是真的需要帮助，同时也可以怀疑他们所说的各种理由，无论是出门寻亲未果，还是与家人失散，这些都不能成为他们拒绝警方帮助的合理解释。

在处理生活和工作中的问题时，如果我们发现我们的方案并不能真正解决问题，我们就要进行反思，是否我们的方案没有抓住问题的本质。在这一过程中，麦肯锡建议我们，可以就问题中的某几个点进行深入调查。这几个点应是问题的关键点，一旦这几个点不存在了，问题就会消失。需要注意的是，这几个点必须是客观条件上的点，而不是我们主观意识上的点。如果我们以自己的主观推测为关键点，那么可能导致的结果就是我们无论做多少努力，都无法解决面前的问题。

一位玩具设计师在面对公司产品销售额大幅度下降这一问题时，认为只要不断提高玩具的质量就可以赢回消费者的喜爱，于是建议公司投入更多成本，生产更多高质量的玩具，同时提高玩具的价格。而事实上，导致销售额下降的根本原因是玩具的款式过于陈旧，已经无法满足孩子们日渐增长的好奇心。

麦肯锡认为，如果该设计师可以对市场的状况有所了解，就会发现销售额下降的关键点在于玩具的款式，只要改善了这一点，销售额就可以立刻回升。然而他并没有认识到问题的根本原因，错误地判断了问题的关键点，于是一意孤行，结果导致做得越多，错得越厉害。

了解问题背后的原因，其主要目的在于能够发现引发问题的关键因素，并针对这些因素找到解决问题的办法。

布朗是一所名牌大学的学生，他在大学期间学习成绩优秀，并且担任了一个社团的团长。他的学习能力和组织协调能力是老师和同学们有目共睹的，所有人都很看好他，他也对自己非常有自信。然而毕业后，他接连去了几家公司，却没有通过任何一家公司的试用期，这让他感到十分纳闷。

布朗进入每家公司后，在工作方面都十分积极，不但能够顺利完成手中每一份任务，还经常能够发现其他同事在工作方面的不足之处，并予以指出。虽然这并不属于他的工作范畴，但他认为自己能力很强，能者应该多劳，所以把这样的事当成展现自己能力的方式。

在许多公司中，团队合作都对项目的进行起着非常重要的作用，一个不能与团队融洽相处的人是无法留在公司里的。所以从表面上看，布朗所存在的问题在于他干涉了其他同事的工作，并且与同事相处不够好。但事实并没有这么简单。按照麦肯锡的思维进行分析，布朗被多家公司拒绝的原因主要有过于主观、过分自我，以及对同事不够尊重三点。

在学校时，布朗是社团的团长，一切事情都由他做主理所应当。而进了公司，他只是一名新员工，对公司的情况并不十分了解，所以做任何决定前都应该确认是否符合公司的需要，不能因为自己的想法优秀，就要求公司跟着他的想法走。其他同事也许毕业的学校没有他好，想法没有他独特，但他们的工作经验都要比他多得多，对于其他同事，他不应该按照在学校时的工作方式，看到别人有不足就指出来，而是应该多尊重其他的同事，虚心向同事请教，与同事商量。与同事交流时，也应表示出谦逊，而不应该有明显的优越感。

所以，布朗应该做的是放下高傲的态度，学会谦逊，学会适应环境与公司，这样才能从根本上改变他一再被公司拒绝的情况。

麦肯锡人认为，想要从问题背后着手问题，最关键的是要养成质疑的习惯，多问几个“为什么”。那么很多时候，我们第一次问“为什么”之后，得到的原因往往不是真正的原因，而当我们第二次，甚至许多次问过“为什么”之后，得到的才可能是真正的原因。这是因为问题背后隐藏的问题有时不只有一层，而是有很多层。

如果我们在分析问题时一开始用了假设，那么当假设的验证过程中出现与预期不同的结果时，我们应当对自己的假设产生质疑。在处理问题时最不应该出现的，就是一个“为什么”都不去问，或者对自己的假设一点质疑都没有。

曾经有一位保险公司的项目经理针对如何恢复客户盈利能力进行了一个假设，在他的假设中，消除保险索赔的“遗漏率”是最关键的因素。为了向客户证明自己的假设是正确的，他派了手下一位新员工去对该客户近三年内的保险索赔“遗漏率”进行调查。新员工首先对客户三年内火险索赔率全部调查了一遍，他调查得非常用心，收集到了大量数据，然而在他对这些数据进行检验时，却并没有发现当中有任何的遗漏。于是，他将结果报告给了项目经理。

此时，项目经理应该考虑的是“为什么这些数据没有任何遗漏”，以及“是不是我的假设错了”，然而他却没有想这些问题。在他看来，一定是新员工调查的数据不够多，于是他又派了这位新员工去调查该用户其他方面的保险索赔率。直到所有的保险索赔率都调查完毕，并且都没有发现任何遗漏时，项目经理还没有意识到自己的假设有什么问题，而是质疑新员工的工作能力。

在检查问题背后的原因时，麦肯锡还提醒我们，一定要充分考虑可能导致问题发生的因素，不要片面地就某一问题展开调查。因为有些问题是由多个因素导致的，或者是由一系列因素导致的，所以如果调查得不充分，不仅不能根本解决问题，还可能刚刚解决一个问题，就马上产生其他的问题。

一家餐厅的经理接到顾客投诉，说餐厅的牛排味道不对，经理连忙向顾客赔礼道歉，为顾客换了一块牛排，没想到顾客说这块牛排味道也不对。经理非常生气，立刻去后厨质问厨师，然而厨师说自己并没有改变配料，一切都是按照平日的做法去做的。经理不相信，让厨师当场再做一块牛排。在经理的监督下，牛排做好了，经理尝了一下，发现味道仍然不对，于是他开始怀疑是牛排本身出了问题。

经理去检查了冷柜里的牛排，发现牛排都有些不新鲜，于是叫来采购员，质问他为什么采购了不新鲜的牛排回来。采购员说他采购回来的牛排都是绝对新鲜的，放进冷柜前还好好的。经理再仔细调查，最后发现是存放牛排的冷柜出了问题，才导致了牛排不新鲜。

问题看起来已经解决了，其实并没有。如果是麦肯锡人来处理这件事，他们还会考虑一件事，为什么不新鲜的牛排会出现在顾客的餐桌上？虽然冷柜出问题导致牛排变质是主要原因，但是牛排在烹饪之前经过了厨师的手，厨师没有发现牛排变质就直接进行烹饪，所以厨师也存在失职。另外，厨师的助手在取牛排时没有及时发现牛排和冷柜出了问题，所以厨师的助手也有失职之处。

总的来说，想要从问题背后着手问题本身，就一定要有足够的细心和耐心，对问题层层深入，一步步缩小问题的范围，最后找到根本的原因，并且总结出问题发生的所有原因，这样才能真正地发现问题本身，找到最适当的解决方法。

4. 不可忽视问题背后对问题本身的影响

问题是客观存在的，任何事物在发展过程中都不可能永远一帆风顺，都会难免遇到或大或小，或多或少的问题。如果没有人主动发现问题，那么问题就极有可能恶化。一旦问题恶化，那么能够造成的后果就必然会非常严重。

许多人习惯把问题分为大问题和小问题，认为小问题无关紧要，不需要太在意。但麦肯锡人不这么认为。在他们眼中，问题没有大小，只要存在，就必须被解决。因为问题不会自己消失，只要它存在一天，它就会对人或事情产生不好的影响，而这种影响可能一开始看起来还很小，但是随着时间的推进，它就会慢慢变大，一发而不可收。

很多时候，大的错误往往是由一个小细节的失误而开始的：填写金额的时候点错了小数点，安装汽车的时候少拧了一个螺丝，或者手术时不小心碰破了一根血管，这些看起来细微的小事很可能导致一家企业的破产，造成一场严重的交通事故，或者令患者大出血而死亡。而追究导致这些问题的原因，却都是粗心大意引起的。也有可能，这些人在做这些事的时候身体不舒服，或者没有休息好。

无论大问题还是小问题，它们的产生都是有原因的。有时，因为事情过于严重，于是人们把产生大问题的小问题当成了原因，却忽略了小问题背后也有产生的原因。想要发现小问题的原因，就需要养成重视细节的习惯。虽然麦肯锡人每天都要与庞大的数据打交道，但他们不会因为工作量的繁重就掉以轻心，对一些材料草草看一眼就拿开。对于他们来说，每一份材料都可能是导致问题的根本原因所在，所以他们会用非常谨慎的态度去对待每一份材料，用心分析所有的数据。

生活中，人们遇到与自己有关的问题时通常会有两种态度，一种是面对，另一种是回避。回避虽然容易，但是治标不治本。我们逃得了一时，却逃不了一辈子。谁也不能保证一样的问题一辈子只遇到一次，而且如果不找出问题的根本原因，就没有办法进行预防，并且很有可能再发生同样的问题。这就像人们因为体内有炎症而发热，却只用退热药去退热，不去治疗体内的炎症一样。即使热可以暂时退下去，只要炎症还在，就还会再热起来。

有些人在工作中一遇到问题，就忙着推卸责任，而不去想清楚为什么会发生这样的问题。麦肯锡人如果在工作中遇到问题时，首先会考虑为什么出现这样的问题，如果问题的产生在于自身原因，那么他们一定会承认并承担起自己的责任。如果问题的产生在于其他原因，那么他们就会追查到底，直到发现真正的原因，对其进行解决。

事实上，我们工作中遇到的许多问题都是由于自身原因而造成的。

如果我们不去追究问题的根本，将责任都归给外界环境和其他人，那么即使我们改做其他的工作，我们也很可能再遇到相同的问题。有些人把辞职当成承担责任的办法，其实辞职并不是承担，而是逃避。真正的承担，是承认自己犯下的错误，然后尽力弥补它。

还有些时候，我们工作上的不顺是因为我们到达了一个瓶颈期，而并非外界环境限制我们发展，或是我们不适合这份工作。当我们突破了这个瓶颈后，我们的工作能力就能达到一个飞跃。然而遗憾的是，太多人因为没有意识到这一事实，错误地估计了形势和自己的能力，致使自己错过了一次成长的机会。

并不是只有逃到离问题很远的地方，再也不提不碰这一问题才算回避，假装不在乎也是一种回避。这种人会故意对问题轻描淡写，好像问题并不重要，事实上，他们早就知道问题的严重性，只是不愿意通过辛苦的过程去解决，才假装不在意。这样做可能产生的后果，是让人的惰性越来越严重，最后变成真的再也不在乎。

在麦肯锡人看来，安于现状是懒惰最直接的表现。人们一旦安于现状，就很难再提升自我，没有一家企业愿意聘用安于现状的员工，有些企业还推行了末位淘汰制度，即每次考核排名在最后一名的员工都会被辞掉。大多数企业都意识到了安于现状的危害，于是它们不断提高企业目标，扩大企业经营，因为它们知道，不进步就意味着退步，企业一旦安于现状，就会停滞不前，然后慢慢被社会淘汰。

2000年时，美国有一家名为安然集团的大企业，在当时，它以超出一千亿美元的营业额排名于世界前500强企业的名单中。然而仅仅过了四年，安然集团突然破产，令大多数人都感到非常吃惊。

在麦肯锡人看来，安然集团的破产是在情理之中的，因为这家企业当时的董事会主席一直认为自己的企业是全球最强的企业，无论在管理、生产还是经营方面，没有一家企业能够与它相抗衡，所以这位董事会主席从来没有想过提升企业能力和业绩的事。董事会主席的这种态度被员工们看在眼里，于是他们也开始自满，认为即使有什么小问题发生，也不会影响到企业的发展和运行，于是他们开始松懈，对工作中出现的种种问题视而不见。

在董事会主席的自满和员工的松懈下，整个企业呈现出一副安于现状的局面。小问题越来越多，最后变成了大问题。2004年，该集团的股价暴跌，从85美元跌至1美元。两万多名员工都傻了眼，他们早就习惯了拿着高薪，受着优待，安于现状的日子，然而突然之间，他们依赖的企业破产了，很多人连退休金都拿不到。这时，他们才开始着急，开始惊慌，可是此时局面已经造成，再无挽回的余地。

敷衍了事同样是一种回避。这种回避看起来是在解决问题，但事实上，只是用更多的表面现象去掩盖问题的所在，同样治标不治本。就好比一把椅子断了一只腿，真正解决的办法是把坏的那条腿拆下来，再安上一条新腿，而敷衍了事的做法是直接把断的地方拼在一起，或者用胶将断裂的地方粘在一起。无论拼在一起还是粘在一起，只能让椅子看起来没事，一旦有人坐上去，椅子还是会塌。

问题的本质会一直对问题起着影响，本质一天不被消除，问题就一天不会消失。在麦肯锡，所有人都明白回避事实的做法行不通。所以不会有人采用回避的方式去解决问题。所有麦肯锡人面对问题时的态度都是积极的，所以麦肯锡公司才会数十年屹立不倒，并且不断发展，成为众多大中小公司的学习对象。

也许从短期的角度来看，并不能看到问题本质对问题能够产生多大的影响，但是一旦时间久了，我们就能够清楚地看到，问题本身对问题起着怎样潜移默化的作用。这就要求我们所有人都要树立长远的目标，学会用发展的眼光看问题，而不是将眼光只停留在眼前那小小的一片上。

麦肯锡建议我们，一旦我们发现了问题，就要立刻去调查导致它产生的原因，然后立刻对这一原因采取相应的措施。有些人喜欢一遇到问题就向后拖，直到拖到不能再拖时才肯行动，这是非常危险的习惯。因为如果我们不立刻解决问题的话，问题就会无限放大，到最后就成了我们无法弥补的大缺口。

对于企业来说，更要养成及时发现问题、及时解决问题的习惯。很多企业的倒闭都是因为没有及时发现问题、解决问题，最后才形成了无法挽回的局面。问题的解决速度决定着企业的发展速度。发现问题的实质后，就要立刻派人去研究解决的方案，将问题尽早扼杀在萌芽中。这样才能保护企业的成长，让企业不至于受到巨大的伤害。

躲避问题的同时也等于在躲避机会，企业不但要敢于发现自身的问题，还要学会发现市场中的潜在问题，主动出击，将它变为自己开展新领域的突破口。主动找出市场中存在的问题就像一场竞赛，谁先找到它，解决它，谁就在这场竞赛中占了优势。当其他人刚刚遇到这一问题，正在苦于如何解决时，如果你已经掌握了解决它的关键，那么你就赢得了胜利。所以说，主动发现问题的本质，解决问题，就能够抓住更多的机会。

麦肯锡人认为，问题并不可怕，可怕的是不敢面对问题，不敢发现问题的真相，并且不敢积极勇敢地解决问题。企业要想发展，就必须对问题有一个深刻清晰的认识，发现它，研究它，解决它，这样企业才能健康地成长。

第十二章

7S模型管理方法的系统性逻辑

7S模型是由麦肯锡公司开拓的一种模型。这个模型中包含了企业组织七要素：共同价值观（Shared Value）、结构（Structure）、制度（System）、风格（Style）、人员（Stuff）、技能（Skill）和战略（Strategy）。由于这七个单词都以字母“S”为开头，因此又被称为7S模型。战略、结构和制度被称为企业成功的“硬件”，风格、人员、技能和共同价值观被称为企业成功经营的“软件”。在7S模型的图表中，共同价值观是最核心的一个要素，其他的六个要素都要以共同价值观为基础。

1. 战略制胜是最终目的

何为战略制胜？就是通过有效地实施企业战略管理，使企业能够达到长期、稳定的发展，在市场中取得高于平均水平的收益率。全球各地，几乎每时每刻都有新企业诞生，而这些新企业中有多少能够长期发展下去却是个未知数。回顾历史，每年破产的企业不计其数，其中也不乏一些知名企业。导致这些企业破产的根本原因在于它们没有制定适当的战略。麦肯锡人提出运用7S模型管理，其最终目的就是以战略制胜。

当企业面临着一些全局性、长远性的重大决策问题时，企业的高层决策者会做出一些相应的决策，这些决策被称为战略决策。麦肯锡认为，战略决策对企业的经营起至关重要的作用，它能够决定一家企业的成败，也能够决定一家企业是否能继续生存，并取得发展。正确的决策如同企业的强心剂，能够使企业获得巨大的能量，阔步向前；错误的决策如同企业的绊脚石，不但会令企业一败涂地，还有可能让企业陷入万劫不复的深渊，再无翻身之日。

战略决策包括战略背景、战略内容和战略过程三点。战略背景指的是战略执行和发展的环境，战略内容指的是战略决策中主要包括的活动，战略过程指的是在复杂多变的环境中战略的各项活动会如何开展，以及彼此之间存在怎样的联系。

想要让企业在竞争激烈的市场中生存下来，并逐渐发展成为该领域中的佼佼者，提升企业战略竞争力是非常重要的。麦肯锡人认为，企业中树立正确的价值观，建立制度，团队管理等，最终都是为实现战略制胜而服务的。

战略制胜是企业发展的法宝。每一家企业在发展到一定的程度后，都会不可避免地迎来一个选择，那就是选择多元化经营，还是选择专业化发展。无论选择哪一种，都需要企业制定一个战略，而不是盲目地选择一边，然后自顾自地走下去。如果企业在发展的方向上选错了，那么企业就没有办法实现发展的目标。对于不适合多元化发展的企业来说，如果选择了多元化发展，极容易造成企业力量的分散，最后导致企业经营效益滑坡。对于适合多元化发展的企业来说，如果选择了专业化发展，就会浪费企业的优势，同样会使企业发展受到束缚。

想要实现战略制胜的目标，麦肯锡人建议我们，一定要提升战略竞争力。而想要提升战略竞争力，企业的经营者需要综合7S模型中的所有要素，对它们进行权衡和比较，制定适当的战略，使它们相互支撑。只有这样，才能实现企业发展的目标。

麦肯锡发现，在企业经营战略的实施过程中，正确的思想和理论都是确保战略实施的有利基础，而这些思想和理论是与企业正确的价值观密不可分的。所以，在实施战略决策的过程中，7S模型管理中的其他六项因素都起着重要的作用。其中，企业文化战略起着关键性的作用，而企业文化战略的核心就是企业的价值观。麦肯锡人认为，任何一家企业想要取得持续性发展，共同的价值观是必不可少的。

在福特公司中，“普及汽车——为平民造车”一直是公司的目标，所以在具体实施时,公司所做的一切都是以这一目标为基础的。同时，他们以“汽车使每个家庭分享上帝赐予人类的快乐时光”为企业的核心价值观，在这一价值观的影响下，全体员工都力求生产出适用于每个家庭的汽车。

价值观的建立对企业文化的开展起决定性作用，只有建立了符合企业战略的价值观，才能建立与企业战略相匹配的企业文化战略，进而对企业战略的实现起到有力的支持。如果企业价值观定位失误，那么企业文化必然会出现漏洞，进而产生许多不利于企业发展的因素。曾经身居世界500强企业的美国安然集团，最终会因为做假账而破产，就是因为企业在价值观上出现了问题——过于自大，认为任何小错误都动摇不了企业的地位。安然集团的失败也让我们看到，企业价值观会对员工产生潜移默化的影响。

企业战略竞争力，首先需要做的是提出企业的战略展望，其次是建立目标体系。在这两个环节中，起着最大作用的也是价值观，企业风格也对其产生一定的影响。而在之后的高效、有效的实施和执行战略环节中，企业制度、技能和员工管理也开始占有重要作用。

战略的实施需要有企业管理作为基础，而企业管理需要制度的约束，所以企业制度的建立主要目的也在于为战略的实施提供有利条件。麦肯锡在工作中发现，当一家企业不具备完善的管理制度时，这家企业无论在员工的管理方面，还是在战略的实施方面，都会表现出力不从心。

一家企业，只有具备了完善的制度，员工们才有规章可循，更加清楚自己应该如何做，以及应该朝着哪个方面努力。在设计企业制度时，需要考虑的方面有许多。首先应该对系统进行全面的了解，清楚企业的现状，以及企业发展的趋势、特征和管理模式。其次要以企业的价值观为基础，设计出符合企业价值观的制度，注重管理的原则和标准。此外，还要从战略的角度出发，将战略作为根本目的，设计出能够具体实施的制度，并在制度正式推行前采用半年的试行期。如果在试行过程中发现制度中有漏洞，就要及时与相关人员进行讨论，之后对试行制度进行修订。

麦肯锡认为，对于企业而言，想要成功，就必须讲究战略。在我国优秀企业中，华为技术有限公司的成功就是一个明显的靠战略制胜的例子。在创业初期，华为选择了通信产业作为企业发展的主要内容，之后便针对这一内容制定了适当的战略。首先，面对强大的国外竞争对手，华为没有选择全方位地追赶，而是专门将重心放在了开发核心网络技术上。之后，华为对企业各个层面都采取了这种“聚集法则”，专心做好一件事，终于在这一件事上取得了飞跃性的突破。

当企业渐渐成熟之后，企业就会呈现出独有的风格。这种风格事实上就是创始人的风格。创始人的性格、价值观以及个人经历等特点都会对企业的风格产生决定性的影响。在麦肯锡人眼中，企业就是创始人的孩子，创始人有怎样的风格，企业就会有怎样的风格，企业有怎样的风格，就会产生怎样的战略。

创始人的风格是刚硬的，那么企业的风格自然也是刚硬的，这样的企业会做同行业其他企业不敢做的事，甚至不惜得罪同行，也要抢占市场，所制定的战略自然也充满了冲击性。创始人的风格是传统的，企业的风格自然也是传统的，这样的企业习惯稳扎稳打，按部就班，不愿与其他企业为敌，所制定的战略自然也是比较柔和的，不与其他企业发生冲突。

当一家企业的创始人决定将企业交给下一任经营者时，企业家的风格也决定了他选择什么样的人。一般企业家都会选择与自己性格相似、意见相近的人作为接班人，因为只有这样的人才会将他的价值观延续下去，继续采用他所推崇的企业经营战略，让企业永葆他还在时的风格。

技能与战略之间的结合体现为企业技术战略。这一战略是由企业之间的竞争催生，所以实施的目的自然是要提高企业的竞争力，确保企业能够在市场竞争中取得优势。

无论是生产技能的提升，还是营销技能的创新，其根本目的都是适应相应的战略。战略是理论性的，战略的实施则是实践性的。理论需要的是经营者敏锐的观察力、独到的见解、精辟的分析，而实践需要的是综合性的实力。技能所起的作用，是提升企业各方面的综合能力，为企业竞争力的提升提供有力帮助。

作为企业发展的硬件因素，战略的意义在于为企业指明方向，使企业良性发展，帮助企业成功转型等。从战略所具有的意义来看，其他的因素都是为了战略的实施而服务的。战略才是根本的目的。

2. 战略依靠完备的组织结构进行支撑

麦肯锡认为，战略决策是一系列战略决策的结果，也是制订企业规划和计划的基础。在企业发展过程中，组织结构、制度、风格、员工、技能、战略和共同的价值观，一样都不可缺少。但战略实施的前提，是企业拥有健全的组织结构。如果组织结构不完善，那么战略就无法实施。

企业组织架构是企业的流程运转、部门设置及职能规划等最基本的结构依据。从管理学的意义去理解组织结构，可以将其看作一种职权-职责关系结构。通常情况下，一个现代化的、健全的组织机构是由四个子系统共同组成的，这些子系统分别是决策子系统、指挥子系统、参谋-职能子系统和执行子系统。从字面意义上就可以看出，这些子系统各司其职，对组织结构起着重要作用。其中决策子系统占主要地位，其余三个子系统都基于决策子系统产生。

企业的组织结构一般可分为职能结构、层次结构、部门结构和职权结构四个方面。职能结构是指实现组织目标所需的各项业务工作的层次和比例，层次结构是指管理和管理人员方面的层次，部门结构的作用是指部门内部的结构，职权结构是指部门和岗位之间权责关系的结构。

麦肯锡人在多年的工作经验中发现，企业组织结构并不是一成不变的，而是不断发展变化的。企业组织结构的类型主要有中央集权制、分权制、直线制、矩阵制、多维立体制等。

在这些类型中，最简单的是直线制，这种类型的企业组织结构从上而下呈直线形排列，每一级有且只有一个上级。这一结构的优点在于结构简单，所属关系明确；缺点在于每一级的负责人都需要具备多种知识，加重了负责人身上的担子。所以这种结构只适用于小规模的企业。最复杂的是多维立体制，这种结构中具有多个事业部制结构和矩阵制结构，规模非常庞大，并且同时具有按职能划分的系统，又有按产品项目划分的结构。这种结构的优点在于管理结构清晰，方便按结构进行组织和管理，缺点在于需要较大的管理成本，并且不便于信息的沟通。

对于战略来说，组织结构是战略实施的必要手段。因为组织结构的功能在于分工和协调，分工和协调是战略实施过程中不可缺少的环节。一家企业想要将战略付诸实践，企业的组织结构必然完备。因为只有建立了完备的组织结构，企业的组织意义才能明确，组织机制才能得以生存。

麦肯锡提醒我们，战略的实施需要各部门在企业目标明确的前提下共同协作努力，如果组织结构不完备，那么各部门在工作时就容易弄不清自己的职能所在，也就容易做错事，少做事，或者多做事，造成工作流程的混乱。

外界的环境在不断发生着变化，这就要求企业的战略也要及时随着环境的变化而变化。当企业的战略发生了变化后，企业的组织结构也就需要随之做出调整，以适应战略的变化。在经济的发展中，战略做出的反应总是要比组织结构做出的反应快许多，这也就决定了组织结构要时刻跟随战略的脚步。

麦肯锡认为，经济的发展会导致企业内部发生变化，每当新的机会和需求出现时，企业都会根据经济的现状制定相应的战略，以求跟上经济的发展。但是如果组织结构仍然是旧的，那么在战略实施的过程中，企业就会感到非常吃力。所以，只要战略发生了变化，组织结构就必然随之而变化。但是需要注意一点，组织结构的变化相对于战略的变化来说，总是要慢上许多。所以即使战略已经制定好了，在实施时也不要操之过急，一定要等组织结构能够适应了之后再实施。

如果先改变组织结构，后改变战略，是否行得通呢？麦肯锡给我们的答案是“否”。组织结构要以战略为标准，只有新的战略制定出来了，组织结构才能有一个具体的方向。不过，虽然组织结构具有不可避免的滞后性，滞后的时间也不可以过长，否则会严重影响战略的进度。

常用的战略组织结构有三种，分别为防御型战略组织结构、开拓型战略组织结构和分析型战略组织结构。

防御型战略组织结构的目的是建立一种稳定的环境，让自己的经营领域在市场中保持稳定状态，为了在市场中不受其他竞争对手的冲击，在建构防御型战略组织结构时，企业通常会以一些经济活动将竞争对手阻挡在自己领域之外。虽然这种结构能够在一定程度上保持效率，但对于市场环境来说，它并不能起到很强的作用。

开拓型战略组织结构将重点放在了新产品的开发和新市场的开拓上。这种组织结构能够帮助企业开拓新的市场，赢得更多客户，但同时也存在着一些弊端，一旦企业无法从整体上把握环境的变化，就很可能大败。而且，不断开发新产品和开拓新市场会造成资源分散，也会使企业获得的利润有所降低。

分析型战略组织结构相对于上述两种结构，显得比较中庸。这种组织结构没有落入任何一种极端，既不会过于保守，也不会过于激进，既会注重传统的保持，又会注重创新发展。然而，这一结构同样有它的劣势。由于经营业务具有双重性，这种组织结构需要承担的任务也是双重的。为了尽可能权衡两者，组织在应变方面需要格外谨慎，从而限制了组织的应变能力。

既然三种结构都有其利弊，那么企业在决定战略后，究竟应该选择哪一种结构呢？麦肯锡人认为，在对组织结构进行调整时，我们应该根据企业组织外部环境的变化来进行调整。同时，要时刻谨记企业的最终目标是什么。如果企业的目标是多元化发展，那么开拓型结构是比较恰当的选择。如果企业的目标是专业型企业，那么防御型结构比较适合。当企业还没有确定向哪一方面发展时，分析型结构可以被考虑。

如果决策层没有将明确的企业战略下达给其他各部门，致使下属完全不知道企业接下来要向哪方面发展，要做什么；或者管理层没有形成适用于现有战略的组织结构，令战略无法正常实施；又或者企业只注重保持现有的战略与结构的关系，忽略了外部环境条件的变化，那么企业中就可能出现一种特别的组织结构——反应型组织。麦肯锡认为，对于普通行业中的企业来说，一旦出现这种组织结构，那么可能出现的问题就会更多。

首先，决策层不告诉下属部门企业战略是什么，而其他的部门习惯于只听令于决策层，企业的一切只由一人做主，会使企业陷入一种“缺一不可”的境地，即一旦缺少了负责决策的那个人，企业便会失去制定战略的能力。

其次，战略是需要实践的，而实践是需要各种元素汇集在一起产生作用的。当管理层所形成的结构不符合战略的实施时，那么战略就无法起到真正的作用。另外，当外界环境改变时，如果企业还坚持着原有的结构，那么就一定不能适应外界的环境，如此一来，战略也就无法实施。

通用电气公司之所以能从平稳的发展，到逐渐扩大规模，再到成为世界闻名的强企，其原因之一就是其组织结构能够支持企业的战略发展。早在20世纪60年代，通用电气公司也曾因为行政管理无法满足销售额的增长，而一度出现多种经营失控的局面。然而由于企业及时对组织结构进行了调整，使其符合战略经营的单位结构，解决了因组织结构滞后而产生的问题，于是多种经营立刻有了改善，利润有了大幅度提高。

组织结构是一个综合性的有机体。它是企业战略贯彻实施的组织保证。在组织结构中，企业的目标、协同、人员、职位、相互关系、信息等组织要素被有效地排列组合起来，从而增强了各部门的作用。在组织结构中，对企业的目标任务进行了分解，落实到具体的职位上，之后再把职位综合到部门，交由各部门具体实施，战略才能够对企业的发展起到切实有效的作用。所以麦肯锡告诉我们，企业组织结构一定要适应实施企业战略的需要。

3. 人员才是最终决定结果的唯一因素

什么是决定战略结果的唯一因素呢？麦肯锡告诉我们，是人员。人员指的是企业的所有员工。我们都知道，员工是企业最重要的组成，企业的发展离不开员工的努力，战略的实施更离不开充分的人力准备。员工对于企业就像是大楼的一砖一瓦，没有了砖瓦，大楼就建不起来；没有了员工，企业也就运行不起来。可以说，企业给了员工成长的平台，员工给了企业成长的力量。

员工是企业最大的财富。先有员工，然后才能有团队。作为一家世界级企业，在挑选员工时，麦肯锡比较看重员工的综合素质，会从智力、经验和人际交往能力三方面对员工进行综合权衡，只有精英才有资格进入麦肯锡。在对应聘者进行面试时，麦肯锡会派至少八名资深顾问轮流对应聘者提问，并且每一位资深顾问所提出的问题都是不同的，其目的就是检验应聘者是否具有敏锐的反应和灵敏的思维。如果应聘者能够对每一个问题应对自如，那么此人就是他们需要的人才。

作为麦肯锡的管理人员，不断发掘最优秀的人才是他们的使命之一。为了做到这一点，许多管理人员都会将员工的个人经验作为评判的重要标准。无论一名员工所具有的经验是关于哪一行业的，只要他具备从事基础性研究工作的经验，那么他就有机会成为某一项目团队中的一员。

员工培训对公司和员工双方都是有利的，因为员工的能力得到了提升，企业就拥有了更强的人才资源，企业的竞争力也就得到了提升，从而确保企业能够在市场中占有一定的优势。此外，对员工的培训还包括企业价值观的灌输。员工在接受培训后，能够对企业的价值观有更深一层的了解，这样也有利于企业员工更加朝着企业制定的目标努力，保证了企业各环节的运行，使公司发展得更顺利。

在所有世界著名的咨询公司中，员工培训都是非常重要的事情。为了让企业中的员工得到最佳的培训，在知识和技能方面都得到提升，有些公司开设了专门的培训基地，凡是公司的员工，无论他属于哪一个地区的哪一个部门，都有资格到培训基地接受专业的培训。虽然不同岗位的员工所接受的培训内容各不相同，但培训的主要目的都是相同的，就是为公司培养更高质量的人才。

在麦肯锡，对咨询人员进行职业培训是一项战略措施。无论员工的职位高低，他们都可以接受到来自麦肯锡的专业的、系统的培训。

在麦肯锡，每一位员工都会接受到“学徒制”的培训。每一位麦肯锡的员工在入职后都会被分配到一个项目组中，在这个项目组中，他们既是员工，也是学徒。作为员工，他们需要处理日常工作；作为学徒，他们可以在工作的过程中得到公司资深合伙人和项目经理的指导。每一位麦肯锡人都是在实践中学到知识，提升个人能力，从而实现职业发展的。

麦肯锡的员工都是来自各名校的优秀学生，或者是有着丰富咨询工作经验的人。但是这些人的教育背景不同，专业不同，个人能力也不同，所以麦肯锡针对每位员工的特点，为他们各自量身定做了相应的培训课程。对于刚进入麦肯锡的员工，公司为他们安排了一些基础课程，比如如何解决问题，以及如何与客户沟通等。如果咨询顾问对商业背景不够了解，那么公司还会给他们安排三至四周的强化“微型MBA”培训，以加深他们对商业背景的了解。

麦肯锡公司内部有一个知识库，里面收录了麦肯锡多年来搜集到的大量关于各行业的资源，以及麦肯锡人以往的成功案例。这些资料既有电子版文件，也有纸质版文件，只要进入麦肯锡公司，成为麦肯锡的正式员工，就有权利随时查阅知识库里的资料，对其进行学习。

对于公司内部的高层管理人员，麦肯锡还额外调制了最好的团队培训。这种培训不是所有人都可以参与的，而是只有当一位员工提升到了某一职位后，他才有资格参加这样的培训。公司这样的培训机制也激发了许多员工的工作热情和积极性。为了早日步入可以参加高级培训的行列，所有员工都非常努力地工作，积极地学习，以求快速提升自己的工作能力和业务水平。

事实证明，所有成功的大企业中，员工都具有极强的自觉性，他们热爱自己的工作，所以积极进取，勤奋工作，努力奉献自己的才能，而导致他们这样做的原因，就是企业的文化氛围感染了他们，鼓舞了他们。当一家企业的所有员工都在企业文化的影响下，拥有了共同的价值观，产生了极强的凝聚力后，企业的发展也就成了自然而然的事情。

如果企业员工缺失了共同价值观，他们的心必然不会向一处想，团队的执行力也必然会变弱。更危险的是，当一家企业中的许多员工都不认同企业的价值观时，抱怨的情绪就会滋生，这种情绪会对企业的新员工造成恶劣影响，进而使更多员工对企业产生怀疑。麦肯锡认为，如果一家企业中的员工对企业产生了怀疑，或者对工作产生了消极情绪，那么他们在实施企业战略时，就难免会用心不专，影响战略实施的效果，使战略成为一纸空文。所以，价值观的培训也非常重要。

麦肯锡认为，想要让员工将企业的命运视为自己的命运，就一定要对员工进行价值观的培训，高度重视企业文化巨大的精神作用。在这一方面，可以采用加强对员工个人的观念引导，加强企业与员工之间的沟通等方式。当企业中的所有员工都树立起了正确的价值观，能够将企业的生存和发展视作个人价值的实现，那么企业就能够茁壮成长。

在团队建设方面，麦肯锡主要采用的是把握团队温度以保持士气，以及用团队联系活动来走更长的路两个方法。

麦肯锡的项目永远充满着挑战性，为了让团队能够在这些项目中保持激情，麦肯锡对团队中的每位成员都足够尊重，同时尽量保持方向，掌握稳定的过程，时刻让团队中所有成员都对项目进展的程序有所了解。这样一来，所有团队成员都能够及时了解自己所负责的项目进行到了哪一步，还需要做怎样的努力。此外，麦肯锡提倡让团队成员相互了解，比如了解其他人的性格、表达方式、工作习惯等。这样在工作时，团队的成员就可以尽量避免产生误会，发生矛盾。

团队联系活动就是我们常说的团队建设。在麦肯锡，员工们将大部分的时间都用来工作，很少有空闲时间相互了解，于是麦肯锡会适当给员工们安排一些集体性质的休闲活动，比如一起出去吃饭，或者一起去游乐场所玩。这类活动的安排是需要技巧的，太过频繁会影响员工对工作的积极性，太过匮乏会让员工对公司产生抱怨。所以，团队联系活动需要适当进行。如果员工们已经从事了很长时间的强度工作，或者刚刚完成了一个项目，那么就可以举行一次团队联系活动，让大家放松一下。

企业与员工的命运息息相关，作为企业，应当善待每一位员工，平等对待每一位员工。企业可以人性化，但不能人情化，不能因为管理者与员工的私人关系而偏向某一位员工，优待某一位员工。当然，对于表现出众、能力突出的员工，企业应该给予额外的奖励，但是对于其他的员工也不能怠慢。

企业与员工之间的关系是相辅相成的。企业的发展需要每一位员工的努力，而员工的成长又需要一个良好的企业做平台。只有企业发展得好了，员工才有机会从中得到自己想要得到的，比如能力上的提升，待遇上的提升，以及薪酬上的提升。而只有员工努力地工作，一心为了企业工作，企业才有机会得到发展，成为更强大的企业。

企业的任何战略都需要由人去实施，当一家企业的员工都是业界的精英，能够对企业的价值观有深入透彻的理解，并且能够将自己手中的工作做到尽善尽美时，团队的执行力就很强，在实施战略的时候，能够取得的成就也就越大。为了顺利实施企业的每一个战略，麦肯锡建议，一定要对员工有足够的重视，提升团队的执行力，这样才能确保战略不会成为一句空话。

4. 7S模型管理的实用技巧分析

任何方法在切实应用前都只是一个概念，只有当它真正对某些问题产生了作用后，它才可以真正被称为行之有效的方法。现在，我们已经知道了什么是7S模型管理，那么接下来，我们就需要以这一模型为基础，对它的实际应用展开阐述。

由于许多企业在运行时，并不会考虑到7S模型，也不会运用这一模型去对企业的现状进行分析，因此麦肯锡的咨询顾问在接过一个项目时，会先给客户解释什么是7S模型，并让客户了解框架的每一个要素都意味着什么，然后再根据客户的实际情况给他们提出建议，让他们知道应该在哪些方面进行改进。

一家中小型企业在发展的过程中出现了难以适应市场变化的情况。经调查，该企业规模较小，而且技术方面比较落后，管理水平也不太高，然而该企业所处的环境却是一个变化较快，风险系数较高的市场环境。在麦肯锡看来，此时，该企业需要的是实施转型战略，以确保企业能够稳定发展。

首先，该企业的经营者应该对企业内外环境有一个深刻的了解，要清楚外界环境对企业的影响，以及企业在所处领域中有怎样的成长前景，是否有尚未开发出来的能力，以及是否有机会获得高利润。在这一过程中，企业经营者需要从客观的角度去审视，不可在还不清楚内外情况时便盲目做决定。

其次，企业的经营者需要稳扎稳打，结合实际情况选择最适合企业的转型方向，同时借鉴类似企业的成功经验，以企业自身的资源和能力为基础，循序渐进地开展转型。在转型的过程中，应设定阶段性目标，每完成一阶段就进行一次总结，以确定企业的转型是正确的，没有偏离方向。

战略确定之后，企业就需要对组织结构进行调整。经调查，该企业属于一家私人企业，其组织结构属于一人做主、全员听从的结构。在企业中，大事都由经营者一人处理，员工只做一些基础的工作，并且从不参与决策等事情。在麦肯锡看来，这种组织结构过于随意，并且职能分配严重不均，主要的业务都由经营者一人去做，会导致企业的业务效率过低，而且员工也得不到锻炼和成长。

按照麦肯锡的思维，这一企业必须对组织结构进行调整，确保企业内部每个人都有相应的职责和工作内容，避免一些人忙得不可开交，而另一些人闲得无所事事的情况。在岗位设置方面，麦肯锡会建议这样的企业采用扁平化的组织架构，尽量对管理层和机构进行精简，去除一些在职能方面有所重叠，或者工作内容出现重复的岗位，这样就可以让企业的职能分配更合理、更清晰，同时还可以节约一些重复的开销，提升企业运行效率。

企业经营者应该对企业组织结构进行细致的研究，以确定哪一部分的组织结构不利于企业转型，之后对这一部分的组织结构着重进行改良。在进行职能分配时，企业应确保每一岗位上的每一名员工都有实际的工作可做，并且彼此之间的工作内容不发生重复或冲突。在这一过程中，企业经营者应当时刻记住一点，即组织结构必须符合企业战略需要，不可有一点偏离。

在企业制度的建立方面，麦肯锡会建议这样的企业结合企业自身业务需要，有针对性地对一些环节进行强化。企业制度并没有严格固定的模式，但却有着固定的目标，就是使企业管理规范化，使其能为战略服务，所以制度中的每一条都要符合战略思维。

在世界范围内，将制度与战略结合得比较好的有3M公司。在3M公司里，创新是公司的战略，于是公司的制度也力求鼓励员工参与各种创新工作，并规定，参与新产品研发和创新事业开发的员工在职位和薪酬方面都可以得到调整，只要新产品或新事业有了提升，员工的待遇也会提升。如果以创新为战略思想的3M公司将制度定为要求员工墨守成规，那么这样的制度就会阻碍战略的实施。

而对于案例中提到的中小企业，它最需要采用的制度是适合企业发展的，便于操作的制度。在制定企业制度时，麦肯锡人会建议他们根据自身特点和业务，有针对性地强化一些环节，如果该企业一味效仿3M公司的成功，也采用鼓励员工创新的制度，那么该企业将会面临许多麻烦。所以，麦肯锡人还会建议这一企业量力而行，不要好高骛远，刻意追求成功大企业的制度。

我们已知人员是战略实施的关键，如果人员的执行力不高，心态不稳，那么战略也就没有办法顺利实施。所以，在中小企业实施转型的过程中，一定要让合适的人做合适的事。麦肯锡会建议所有公司善待公司员工，将适当的工作交给适当的人去做。同时适当提升员工的待遇，让他们感到自己付出有所得，这样员工也就会对企业忠诚。

员工对于企业一般只有三个期待：能给自己优厚的待遇，能有自己发展的空间，以及能够帮助个人成长。只要企业能够让员工的这些期待得到满足，员工都会对企业满怀信心，努力工作。所以，企业应当相信员工，并建立一定的奖励机制，鼓励员工自我提升，这样员工的干劲就会越来越足。而当员工在能力方面获得了提升后，企业就可以给予承诺的奖励，留住人才。

关于如何让员工自发地向着一个方向努力，麦肯锡提出，最好的办法就是让员工都认识到企业的价值观。价值观对于所有企业都起着指导思想的作用，不分企业大小，所以该中小企业应该确立企业的价值观，并将这一价值观灌输给全体员工，让他们对企业有一个新的认识，这样他们就更清楚自己应该做的是什么了。

对于中小企业来说，企业风格主要体现在企业文化中，也就是企业价值观的体现。一些中小企业的经营者认为企业文化是虚的，无用的，这种想法是非常错误的。企业文化是体现企业价值观的最佳方式，在文化氛围中，员工们才能自然而然地对企业价值观有所了解，并自然而然地接受企业的价值观。所以，中小企业也应建立起适合企业发展的文化，将经营者的风格融入企业文化中，最后形成企业的风格。

社会中对于该中小企业的评价多以“缺乏社会责任感”为主，指出该企业不注重股东的利益，也不注重员工的利益，只重视企业盈利。由此可见，该企业在转型过程中也应努力营造一个和谐共赢的氛围，让股东和员工都受益。

对于大型企业来说，不断提升技能以适应企业的发展非常重要；对于中小企业来说，从基础做起，不断提升技能就更加重要。既然该企业在技能方面处于弱势，那么提升技能就更加重要。技能也同样需要符合企业的目标，以及发展方式，提升技能等于提升企业的核心竞争力。首先，要提升分析市场的技能，这样才可以对市场有更深入的了解，并找到最适合企业的发展方向，做好定位。其次，要提升业务方面的技能，以便企业能够迅速在市场中立足。然后，还要提升客户服务、营销等方面的技能，以提升企业的综合竞争力。

从上述的实际应用中可以看出，在7S模型管理的应用中，价值观是其他六方面的基础，只有确定了价值观，其他几个方面在实施时才能有一个稳定的支持。同时，要确保各要素共同发展，不要只顾一点，不顾其他，否则就会令这一模型发生偏重现象。在实际应用中，我们需要结合全方位的实际情况，做出相应的、最适合企业的调整，这样我们才能将企业转变成为真正有竞争力的企业。

7S模型的应用技巧其实并不难，只要我们能够在实践中慢慢摸索，用心去研究，就一定能够明白其中的道理，发现其中的奥妙，让这一模型发挥最大的作用。麦肯锡公司能够做到今天如此强大，就是在实践中一步一步走过来，一点一点摸索出经验的。无论大企业，还是中小企业，都应该有信心，有目标，有毅力，这样企业就可以一天天健康地成长起来，最终在领域中取得成功，占有一席之地。

图书在版编目（CIP）数据

麦肯锡教我的逻辑思维：从逻辑思考到高效执行的规律与方法 / 高杉尚伊著. —北京：中国友谊出版公司，2016.9（2017.3重印）
ISBN 978-7-5057-3810-2

Ⅰ.①麦… Ⅱ.①高… Ⅲ.①企业管理 Ⅳ.①F272

中国版本图书馆CIP数据核字(2016)第191838号

书名 麦肯锡教我的逻辑思维：从逻辑思考到高效执行的规律与方法
作者 高杉尚伊
出版 中国友谊出版公司
发行 中国友谊出版公司
经销 新华书店
印刷 北京玺诚印务有限公司
规格 710×1000毫米 16开
19印张 220千字
版次 2016年9月第1版
印次 2017年3月第4次印刷
书号 ISBN 978-7-5057-3810-2
定价 39.80元
地址 北京市朝阳区西坝河南里17号楼
邮编 100028
电话 （010）64668676